Basquetebol

Manual de Ensino

Dados Internacionais de Catalogação na Publicação (CIP)
(Câmara Brasileira do Livro, SP, Brasil)

Duarte, Sérgio Maroneze

Basquetebol : Manual de Ensino / Sérgio Maroneze Duarte; coordenação editorial: Alexandre F. Machado — 4. ed. — São Paulo: Ícone, 2018.

Bibliografia

ISBN 978-85-274-1230-8

1. Basquetebol — Estudo e ensino. I. Machado, Alexandre F. II. Título.

13-03366   CDU – 796.3232

Índice para catálogo sistemático:

1. Basquetebol: Táticas e técnicas   796.3232

Sérgio Maroneze Duarte

Basquetebol
Manual de Ensino

4ª edição

Coordenação editorial:
Alexandre F. Machado

Ícone
editora

© Copyright 2018
Ícone Editora Ltda.

Ilustrações
Ricardo "Bolicão" Dantas

Capa e diagramação
Richard Veiga

Revisão
Juliana Biggi

Proibida a reprodução total ou parcial desta obra, de qualquer forma ou meio eletrônico, mecânico, inclusive por meio de processos xerográficos, sem permissão do editor (Lei nº 9.610/98).

Todos os direitos reservados pela
ÍCONE EDITORA LTDA.
Rua Javaés, 589 – Bom Retiro
CEP: 01130-010 – São Paulo/SP
Fone/Fax: (11) 3392-7771

Folha de aprovação

A presente obra foi aprovada e sua publicação recomendada pelo conselho editorial na forma atual.

Prof. Dr. Antônio Carlos Mansoldo (USP – SP)

Prof. Dr. Ayilton José Figueira Junior (USJT – SP)

Prof. Dr. Danilo Sales Bocalini (USJT – SP)

Prof. Dr. Jefferson da Silva Novaes (UFRJ – RJ)

Prof. Dr. Giovanni da Silva Novaes (UCB)

Prof. Dr. Miguel Arruda (UNICAMP – SP)

Prof. Dr. Paulo Moreira da Silva Dantas (UFRN – RN)

Prof. Dr. Rodolfo Alkmim M. Nunes (UERJ – RJ)

Dedicatória

Aos meus pais, João e Gercei,
por toda a preocupação comigo, pela entrega e pela educação total e nada formal que me foi oferecida e ainda é.

Ao meu avô, Max (*in memoriam*),
pelo maior exemplo de bondade e doação pessoal infinita que conheci.

A minha avó, Rosa (*in memoriam*),
pelas inúmeras lembranças boas que me deixou.

A minha mulher, Cláudia,
por ter sido a minha razão para tudo desde sempre e, agora com a Letícia em nossas vidas, por ter se tornado a minha razão para a eternidade.

A minha filha, Letícia:
De que tamanho é o meu amor por ela? Do tamanho do mundo!

Agradecimentos

Pela oportunidade de permanecer aqui neste mundo desde o dia 20 de dezembro de 2001.

Aos amigos, irmãos escolhidos. Com os quais a não formalidade sempre prevalece por razões que só a combinação das diferentes identidades pessoais e identificações entrenós pode explicar:

Georgios Hatzidakis, pelo faro que teve a meu respeito e pelo prestígio incondicional.

Hermes Balbino, pela ótima visão que tem de mim, das pessoas e da vida.

Miguel Ângelo da Luz, com quem fui lembrado por pouco tempo e esquecido por tempo demais.

Paulo Eduardo Funari, por ser muito mais do que minha eterna dupla de caça submarina.

Aos meus magníficos professores:

Ademir Calovi,

a quem ainda não pude dizer o que representou para mim.

Celso O'Campos,

pela primeira oportunidade profissional e pela lealdade que demonstrou como poucos fariam.

Mário Brauner,

que com seus desafios me impulsionou para a conquista de metas consideradas impossíveis.

Waldir Pagan Peres, (in memorian),

pela amizade, confiança, paciência e exemplo de amor incondicional ao basquetebol feminino.

Apresentação do autor

Fiquei muito honrado com o convite do amigo Sérgio Maroneze para apresentá-lo nesta publicação, pois se trata de uma tarefa extremamente fácil e agradável. O "Gaúcho", como é carinhosamente chamado por todos, é um profissional extremamente dedicado e competente, comprometido com os objetivos traçados.

Sempre franco e direto, preocupa-se em realizar suas tarefas de forma impecável. Como técnico vencedor, ou professor entusiasmado, o brilho nos seus olhos ao desenvolver suas tarefas é admirável. Sua atuação no momento de suas atividades é empolgante. A preocupação com seus alunos e atletas, contagiante. Apaixonado pela sua família, pelo basquete e pela educação, continua sempre se atualizando, pois sabe que não deve esperar o sucesso no futuro baseado no sucesso do passado.

Quando eu o contratei para ser professor na Universidade Bandeirante de São Paulo, em 1996, tinha a convicção de que estava integrando a minha equipe um grande Mestre. E acertei. Este técnico de basquetebol, formado pela Universidade Federal do Rio Grande do Sul, atingiu o ápice de sua carreira técnica com o título de Campeão Mundial de Basquetebol Feminino na Austrália em 1994 e Vice-Campeão Olímpico de Basquetebol Feminino em Atlanta 1996, maiores títulos do basquetebol brasileiro. No entanto, continua crescendo e desenvolvendo sua carreira no Ensino Superior de forma brilhante, unindo a experiência profissional com a transmissão de conhecimento de maneira empolgante.

Sempre disposto a aprender e ensinar, foi constantemente cobrado a sistematizar seus ensinamentos. O fruto desse trabalho é o presente livro, que será com certeza referência no ensino de basquetebol em nosso País. Boa aprendizagem a todos que estão com o *Manual de Ensino* em suas mãos.

Professor Ms. Georgios Stylianos Hatzidakis
Mestre em Educação Física pela UNICASTELO

Prefácio

Estive com o Sérgio Maroneze em momentos que ficarão marcados com o selo da excelência na memória do basquetebol brasileiro. Na conquista do Campeonato Mundial da Austrália e da medalha de prata dos Jogos Olímpicos de Atlanta, o assistente técnico de nossa Seleção Feminina compôs um desejo comum de muitos amantes desta emocionante modalidade esportiva, que é ver a arte de movimentos em sintonia significar vitória, associada à elegância deste jogo emocionante. Fomos vitoriosos, e agora o Sérgio busca encaminhar sua vivência em quadra para esta destacada obra, que vai premiar o interesse de muitos profissionais do basquetebol em ensinar com fundamentação de um caminho metodológico, para que o façam com mais conhecimento e segurança.

Nesta obra, o seu autor, o Professor Sérgio Maroneze, busca dar ênfase ao ensino da técnica, e seria de esperar que seu conteúdo tivesse um imenso repertório de exercícios e tarefas avançadíssimas para alcançar resultados expressivos em curto prazo. Pode ser isto também. No entanto, vê-se que neste Manual de Ensino a intenção profunda é valorizar as relações entre os professores e técnicos com seus aprendizes, em uma ótica da humanização deste ensino com dicas preciosas de como fazê-lo melhor. Este relacionamento é pautado em valores humanos que vão compor, juntamente com o programa de exercícios, o processo de ensino e aprendizagem do basquetebol.

Indo mais à frente, a abordagem sobre os procedimentos é de grande relevância para quem deseja entender de maneira mais ampla e profunda esta apaixonante modalidade esportiva, em seus diversos níveis de aprendizagem ou aperfeiçoamento. Percebe-se que diferentes aspectos da prática do basquetebol, sejam eles físicos, técnicos, táticos ou cognitivos, são tomados como pontos de referência para a construção do entendimento que oferece fundamentos para sua melhor compreensão.

O processo de ensino do basquetebol deve dirigir-se ao oferecimento da interação dinâmica entre seus participantes, decorrente dos benefícios oferecidos pelas relações que vão sendo construídas por quem joga e quem ensina. Desta maneira, ministrar aulas ou treinamentos para aprendizagem ou especialização passa de uma preocupação de arquitetar um plano de aula ou treino para um desafio de ensinar quem aprende a ultrapassar o individualismo e a insegurança dos novos aprendizados, para buscar desenvolvimento por meio das pequenas superações construídas ao aprender novos elementos do movimento corporal e combiná-los para poder jogar melhor.

O ensino do Basquetebol torna-se assim um meio formativo por excelência, reflexo da história do Sergio Maroneze.

Em gratidão ao querido amigo de longas jornadas.

Professor Dr. Hermes Balbino
Graduado em Educação Física e Psicologia – UNIMEP
Doutor em Ciências do Esporte – UNICAMP

Sobre o autor

Sérgio Maroneze Duarte

➤ Formado em Educação Física pela ESEF/UFRGS;

➤ Especialista em Tecnologias Educacionais;

➤ Mestre em Educação com ênfase em Formação de Professores;

➤ Campeão Mundial de Basquetebol Feminino (Austrália/1994);

➤ Vice-Campeão Olímpico de Basquetebol Feminino (Atlanta/1996);

➤ Diretor de Modalidades do COTP — Centro Olímpico de Treinamento e Pesquisa;

➤ Diretor técnico do IPM — Instituto Passe de Mágica;

➤ Docente da Universidade Metodista de São Paulo.

Sumário

Apresentação, 21

Ensinar basquetebol, 27

Normatização, 31

Horários, **32**

Uniforme, **33**

Material, **33**

Postura, **33**

Avaliação, **34**

Histórico do basquetebol, 35

Manejo de corpo geral e específico do basquetebol, 39

Procedimentos de segurança, **43**

➲ Sugestão de aula 1, **44**

➲ Sugestão de aula 2, **46**

Manejo de bola, 48

➲ Sugestão de aula 3, **56**

Drible, 59

1. Pela frente do corpo, **62**
2. Por trás do corpo, **63**
3. Entre as pernas, **64**
4. Giro, **65**

➲ Sugestão de aula 4, **66**
➲ Sugestão de aula 5, **67**
➲ Sugestão de aula 6, **69**

Passe, 71

1. Peito, **72**
2. Picado, **73**
3. Por cima da cabeça com ambas as mãos, **75**
4. Ombro, **76**

➲ Sugestão de aula 7, **80**

Arremesso com uma das mãos, 83

1. Empunhadura, **83**
2. Posição inicial de membros inferiores, **84**
3. Posição inicial de membros superiores, **84**
4. Mecânica, **85**

Arremesso em movimento, 88

➲ Sugestão de aula 8, **90**
➲ Sugestão de aula 9, **91**

Bandeja, 92

⮞ Sugestão de aula 10, **95**

Rebote, 96

1. Rebote defensivo, **96**
2. Rebote ofensivo, **101**

Corta-luz, 103

1. Corta-luz direto, **103**
2. Corta-luz indireto, **104**
3. Corta-luz cego, **104**
4. Corta-luz falso (*pick and roll*), **105**

Sistemas defensivos, 106

1. Sistema defensivo zona, **107**
2. Sistema defensivo individual, **110**
3. Sistema defensivo misto, **112**
4. Sistema defensivo pressão, **115**

Fundamentos individuais de defesa individual, 117

Sugestão de exercícios, 126

1. Condicionamento defensivo – geral, **126**
2. Situações de 1 × 1, **130**
3. Situações de 2 × 2, **132**
4. Situações de 3 × 3, **134**

O técnico, 137

O técnico e a organização para o dia de jogo, **137**

O técnico e o que ele espera dos jogadores, **139**

Referências bibliográficas, 141

Apresentação

Na minha infância em Porto Alegre as aulas de educação física eram muito concorridas, mas, para minha infelicidade, meu biótipo não ajudava e as atividades, de uma forma geral, excluíam aqueles menos habilidosos. A ginástica calistênica como forma de aquecimento sempre precedia algum jogo coletivo de quadra. A modalidade de futebol de salão tinha a preferência dos meninos e era, portanto, praticada a maior parte do ano.

Não me recordo dos professores ensinando as principais técnicas (fundamentos) de cada esporte, nem de atividades alternativas para aqueles alunos que, como eu, nunca eram escolhidos para integrar as equipes que iriam se revezar jogando.

Demorei muito tempo para compreender o significado real e assustador de ter sido submetido, durante grande parte da vida escolar, a uma educação física às avessas, e creio que em idade escolar dificilmente os alunos têm essa percepção do não oferecimento, da não oportunidade de vivenciar atividades ricas, de não serem desafiados a tentar um movimento diferente ou mais complexo do ponto de vista da construção do repertório motor. Ao mesmo tempo em que lhes é oferecida uma bola e nada mais, lhes deixa de ser ofertado o convívio formativo que as atividades planejadas e bem trabalhadas podem trazer consigo.

Na medida em que fui me tornando um adolescente, minha figura corporal se desenhou longilínea e chamou a atenção dos técnicos esportivos que trabalhavam na escola. Fui convidado, então, para participar dos treinamentos nas mais diversas modalidades. Estas atividades não faziam parte da grade curricular e não passavam de um aperfeiçoamento das técnicas que deviam ter sido aprendidas anos antes na iniciação esportiva que nunca aconteceu. Somavam-se a isso algumas táticas e lá estava uma equipe capaz de representar a escola em torneios e campeonatos, o que fazia muito bem, diga-se de passagem.

Mais em função de um histórico familiar do que de uma identificação pessoal, escolhi a modalidade basquetebol e comecei a frequentar os treinamentos que aconteciam duas vezes por semana. Durante três anos nunca faltei a nenhum encontro. Eu era o primeiro a chegar e o último a sair. A minha paixão pela modalidade, a minha admiração pelo técnico e o prazer de conviver com amigos que tinham os mesmos interesses que eu e que, apesar de haver uma competição interna pelas poucas vagas na equipe, conviviam em um ambiente de lealdade e respeito mútuo, foram decisivos para o meu envolvimento. Foi lá também que encontrei o local ideal para relacionar valores de vida e de convivência que estava aprendendo teoricamente, podendo aplicá-los na prática. Essas metáforas da vida se apresentam constantemente dentro da prática do basquetebol e saber fazer o melhor uso delas é um desafio para nós, educadores.

O técnico da equipe era um líder humilde, criativo e sensível, um educador com "E" maiúsculo. Justo acima de tudo. Muito mais que gestual técnico, ele ensinava valores pessoais e sabia trabalhar com a nossa motivação, que era a mola propulsora dos encontros. Foi essa pessoa que iria me inspirar, anos depois, a seguir a profissão dele.

Nessa época eu era uma pessoa tímida, que vivia num ambiente familiar em que a hierarquia, o respeito e a responsabilidade eram as palavras de ordem. Meu pai, militar de carreira, e minha mãe, que doou sua vida à educação dos dois filhos, faziam o possível para que crescêssemos entendendo e aplicando princípios de uma vida simples, honrada e digna.

O ambiente dos treinos era a educação não formal na sua forma mais concreta — planejada e dirigida por profissionais engajados no processo educativo acima de tudo —, com todos os praticantes presentes de corpo e alma, cooperando e tentando "ser" reconhecidos como membros daquela equipe.

Já com dezenove anos e tendo começado o curso de graduação em Educação Física, tive outro professor maravilhoso nas disciplinas de Basquetebol I e Basquetebol II. Ele, sem saber, me desafiou de forma incômoda e sistemática e foi um dos grandes responsáveis pela minha trajetória profissional. Acredito que essa seja uma característica dos grandes educadores — eles educam naturalmente e não fazem força para que isso aconteça, então não estão atentos aos resultados porque o que realmente lhes interessa é o processo em si.

Nessa época tentei fazer parte de uma equipe de competição de um dos clubes locais, mas o ganhar acima de tudo, com a real formação do ser humano relegada a um segundo plano, fez com que eu não me adaptasse. Some-se a isso o fato de que eu era um jogador limitadíssimo tecnicamente e minha carreira nas quadras acabou sem nem bem ter começado. Mas os exemplos permaneceram vivos em mim.

Depois de formado, encontrei nas atividades não formais a minha grande paixão profissional: campo virgem para educar crianças e adolescentes que estão ali por opção, não por obrigação, utilizando a modalidade esportiva como instrumento neste processo contínuo. Descobri que a ascendência que o professor/

técnico tem sobre seus alunos/atletas se constitui na ferramenta ideal para incutir ou transformar valores, formar integralmente, descobrir pontos fracos e poder trabalhá-los individualmente.

Pude vivenciar essa experiência ímpar diversas vezes e com clientelas totalmente diferentes, — dos oito paupérrimos Centros Esportivos da periferia da cidade de Sorocaba, em que a renda familiar média era menor do que um salário mínimo por mês, até a escola americana Maria Imaculada (Chapel School) em um bairro nobre da capital paulista, com a clientela privilegiadíssima financeiramente — mas que, sem exceção, traziam consigo a mesma carência de atenção, limite, disciplina e dedicação pedagógica sob algum aspecto particular.

O basquetebol tornou-se minha vida e confunde-se, então, com ela em diferentes níveis de grandeza. Comecei minha carreira como técnico de equipes escolares ainda no Rio Grande do Sul no Colégio Farroupilha, e lá cheguei a dirigir equipes adultas em campeonatos de Federação pela SOGIPA. Fui para os Estados Unidos trabalhar como terceiro assistente técnico na equipe feminina da Universidade de Cincinnati e voltei para o Brasil a convite de uma grande equipe, a Minercal de Sorocaba, para trabalhar onde então jogava uma das maiores estrelas que o esporte internacional já conheceu: Hortência Marcari. Foi o desejo de trabalhar com essa moça obstinada pela perfeição que me fez voltar para o Brasil de forma intempestiva. Nunca me arrependi desta decisão. Trabalhei com ela dois anos no clube e quatro anos na seleção brasileira e, se alguém teve o privilégio de aprender durante esses anos, com certeza o beneficiado fui eu.

Estive presente várias vezes em Jogos Regionais e Abertos do Interior de São Paulo, Campeonatos Paulista e Brasileiro, Sul--americanos de Clubes e Seleções, inúmeros torneios de diferentes categorias ao redor do Brasil e do mundo. O Campeonato Mundial Feminino na Austrália (1994) — de onde trouxemos a medalha de ouro —, e os Jogos Olímpicos de Atlanta (1996) —

de onde trouxemos a medalha de prata —, ambas conquistadas com a Seleção Brasileira de Basquetebol Feminino, foram, sem dúvida, os títulos mais importantes da minha vida esportiva.

A seleção brasileira adulta me trouxe ainda, mais que as medalhas importantes, a honra de, durante quatro anos, trabalhar, dividir experiências e aprender com Maria Paula Gonçalves da Silva, a Magic Paula — com seu magnetismo pessoal e presença de espírito nem precisaria ser uma das melhores do mundo na sua posição. E foi, com toda a certeza. Foi também a jogadora com mais inteligência de quadra com a qual já trabalhei: "brilhante" também seria um adjetivo justo para ela.

Acredito que feitos inéditos como as últimas conquistas citadas anteriormente, mais do que enobrecer as modalidades brasileiras às vistas do mundo esportivo, deveriam servir de alavanca, chamando a atenção das crianças e motivando-as a querer praticar um determinado esporte. Essa alavancagem, que no jargão esportivo chamamos de "espelho", é extremamente eficiente no que tange a dar visibilidade a uma modalidade. São os ídolos que admiramos e nos quais nos espelhamos que fazem a promoção e a divulgação da prática esportiva, que é um dos motivos, senão o mais importante, pelos quais ela se massifica. Essa talvez fosse a chave para desencadear a aproximação da criança/adolescente que estivesse interessada em aprender com o profissional da área de Educação Física, estando este último habilitado a aplicar a pedagogia de melhor adequação para cada caso.

Desde sempre estive envolvido com trabalhos relacionados com escolinhas de basquetebol. Desde a Minercal de Sorocaba ajudei a implantar programas de iniciação esportiva por onde passei; nas escolas e clubes onde trabalhei fui, em menor escala, o mentor dos projetos e em maior grau o professor que ministrava as aulas e treinos. Pude perceber então o quanto tudo aquilo que me era tão caro enquanto ideal de formação de compromissos pessoais estava presente ali, todos os dias, ao meu lado, em um fluxo gigantesco de atividades que, por meio da prática esportiva, transformava para melhor o conjunto de valores das crianças e jovens envolvidas no processo, numa jornada de formação humana de riqueza contínua e imensurável.

Parafraseando John Wooden no seu maravilhoso livro intitulado *My Personal Best*, "*tudo o que sei de basquetebol aprendi com os outros, até o que não fazer...*", então o que será exposto daqui para a frente tem essa condição implícita.

Boa leitura.

Ensinar basquetebol

As dificuldades encontradas pelos professores para ensinar basquetebol têm raízes profundas e se originam a partir de inúmeras variáveis. Se o professor em questão não teve experiências com a modalidade durante a sua vida antes da universidade, dificilmente conseguirá se sentir seguro para planejar e instrumentalizar um programa de basquete para os ensinos Fundamental II e Médio. Principalmente se não tiver acesso a esse conteúdo e às abordagens metodológicas dessa área na faculdade de Educação Física, que é onde ele deveria receber a primeira noção de como relativizar os processos de ensino-aprendizagem levando em consideração os métodos mais indicados para alcançar cada objetivo.

Se considerarmos que o ensino do basquetebol na escola diminuiu de forma alarmante nos últimos dez ou quinze anos, concluiremos que aqueles que hoje se matriculam nos cursos de Licenciatura em Educação Física chegam à universidade com pouca ou nenhuma noção da modalidade. Portanto, o efeito bola de neve só faz a situação se agravar continuamente, uma vez que é pouco provável que se ensine com qualidade conteúdos que não se domina.

A Educação Física escolar deveria permitir que diferentes práticas corporais, advindas das mais diversas manifestações culturais, fossem vivenciadas. Deveria permitir também que se percebesse como essa variada combinação de influências está presente na vida cotidiana. O basquetebol estaria incluído, naturalmente, nessas vivências.

Como a maioria dos cursos de licenciatura não possuem ou não tem claro um projeto institucional, ou seja, um projeto de curso alinhado com as demandas sociais e com as novas formas de ensinar a Educação Física, corre-se o risco de surgir daí um professor com formação anacrônica, pulverizada, dicotomizada e sem consistência.

Paralelamente à ausência de uma organização lógica para o ordenamento das disciplinas e áreas de concentração, o futuro professor também tem de conviver com uma relação de teoria e prática extremamente problemática na sua práxis, com uma visão esportivizada dos alunos (onde se valoriza essencialmente o desempenho destes) e que é oposta à formação do educador propriamente dito.

O esporte encarado como ferramenta para educação dos alunos deveria ser a tônica dos encontros, mas as mazelas de formação dos professores dificultam esse entendimento e contribuem para estigmatizar a área dentro da escola, que enxerga a Educação Física como conteúdo "menor" comparativamente às outras disciplinas. Além disso, muitas vezes a Direção e a Coordenação não acreditam na Educação Física ou ignoram suas reais possibilidades, e não oferecem condições materiais adequadas para o desenvolvimento dos trabalhos.

Além de tudo isso, é muito comum que a população de alunos seja composta por crianças e jovens sem perspectiva social e que muitos destes alunos sejam oriundos de famílias desestruturadas. Alie-se a isso a organização das salas de aula, que obedece a critérios quase exclusivamente cronológicos que não refletem estágios maturacionais dos alunos, e teremos uma perspectiva caótica para os nossos professores ensinarem basquetebol.

Este Manual não pretende resolver todas estas questões, mas sim atuar como um facilitador para que os professores se sintam mais seguros para ensinar a modalidade.

O método utilizado em grande parte das sugestões dos exercícios aqui apresentadas é o analítico sintético, o que faz jus a um alinhamento de concepções do autor. Dentro da perspectiva de que realizar qualquer tarefa com qualidade e com pouco dispêndio de energia é uma decisão sábia sob todas as perspectivas, ensinar como fazer benfeito qualquer movimento no jogo de basquetebol demanda tempo, conhecimento e paciência, mas a dedicação nesse sentido vale a pena e são os detalhes que farão a maior diferença para os aprendizes no decorrer do processo.

Em um país de dimensões continentais como o nosso seria fácil cair na armadilha de traçar comparações equivocadas de determinadas regiões em relação a outras, porém, em função dos últimos vinte e três anos de experiência docente no Ensino Superior e das inúmeras viagens do autor pelo Brasil com cursos, clínicas, capacitações e palestras, foi possível chegar num perfil comum e preocupante com relação ao ensino de fundamentos através do método analítico sintético: Existe uma dificuldade generalizada para trabalhar os fundamentos pelo viés técnico com a devida qualidade que o conteúdo exige.

Muitas vezes os envolvidos conhecem o exercício em si, mas lhes falta a noção de como orientar corretamente sua execução para explorar com profundidade o potencial que este oferece. Além disso, ouvem-se afirmações de que a organização da atividade feita tão somente por meio de brincadeiras e pequenos jogos será o suficiente para ensinar basquetebol. Nesse caso há que se ponderar, e muito, uma vez que devemos delimitar o caso para poder compreender a questão. Muito provavelmente, agindo dessa forma, só será possível ensinar os aprendizes a brincar de jogar basquetebol, e de forma absolutamente despretensiosa. Para oferecer aos alunos condições de jogar basquetebol de forma competitiva, a presença da técnica é indispensável no processo.

É importante ressaltar que o uso das propostas de jogos que oferecem situações-problema e que são viabilizadas por meio do método global funcional se constitui em uma ferramenta de fundamental importância para o sucesso da tarefa como um todo, além de poder desenvolver ou aprimorar mais facilmente algumas competências muito significativas, tanto para o basquetebol como para a vida dos alunos. Exemplos de competências: aumentar a cooperação, melhorar a comunicação, induzir a análise de problemas, encorajar a tomar decisões, trazer visão global dos problemas, estimular a busca por soluções e determinar o trabalho em equipe como melhor alternativa na busca por objetivos comuns.

Portanto, os dois métodos devem andar juntos e cada um de nós fará a escolha certa na proporção ideal, na medida em que respeitar o que realmente acredita ser melhor para cada situação em particular. Para que cada diferente química de métodos venha a trazer resultados positivos, analise-se, portanto, quem é a clientela beneficiada e quais são os objetivos que se quer alcançar. Chegaremos à conclusão que dificilmente uma determinada receita de proporção de métodos vai funcionar em uma outra situação, com um público diferente ou com objetivos diferentes daqueles usados anteriormente.

Normatização

Define as regras básicas de convivência durante o ano letivo ou competição em questão. É flexível no sentido de que pode sofrer modificações de um ano para outro ou de uma competição para outra.

A normatização foi um dos hábitos mais saudáveis que incorporei na minha vida profissional. Nas equipes que comandei, nas escolas em que trabalhei ou nas faculdades onde lecionei e leciono a normatização sempre foi o primeiro assunto abordado.

Normatizar dá a segurança de que as regras estão postas, são claras e todos têm de seguir, incluindo o professor. Entrega também a garantia de que os diferentes grupos de trabalho não têm a desculpa de dizer que não sabiam de alguma coisa. Evita constrangimentos e reclamações. Estabelece padrões de comportamento compatíveis com as metas que se quer alcançar. Nivela os participantes do processo e desta forma cria um ambiente mais favorável para todos, com um senso de justiça comungado por todos.

A normatização pode prever procedimentos que fazem parte das normas da escola, faculdade ou clube onde estamos.

Horários

- ▶ Quanto tempo antes do horário regular pode chegar?
  - ▷ A quadra está livre e o material disponível?
  - ▷ Não vai atrapalhar a atividade que antecede o treino?
  - ▷ Não vai deixar de assistir às aulas ou de atender a compromissos?

- ▶ Pode entrar depois que a atividade começou? Se positivo, como proceder?
  - ▷ Simplesmente entrar na atividade?
  - ▷ Ou tem que pedir licença e justificar o atraso?
  - ▷ Deve dizer onde estava de fato, fazendo o quê e com quem?

- ▶ Pode sair antes de a atividade acabar? Se positivo, como proceder?
  - ▷ Em que casos isso se justifica?
  - ▷ Vale a palavra do aluno?
  - ▷ Os pais podem telefonar com antecedência para avisar?
  - ▷ Deve ocorrer apenas na presença dos pais ou se for documentado por eles?

- ▶ Quanto tempo pode ficar depois do horário regular?
  - ▷ A quadra está livre e o material disponível?
  - ▷ Não vai atrapalhar a atividade que sucede o treino?
  - ▷ Não vai deixar de assistir às aulas ou de atender a compromissos?

- Haverá alguma consequência se o aluno faltar? Se positivo, qual?
  - ▷ Não ser mais titular.
  - ▷ Não ser mais relacionado entre os doze jogadores.
  - ▷ Seus pais serão comunicados.
  - ▷ Ser afastado da equipe.

Uniforme

- Como deve se apresentar:
  - ▷ Para treinar?
  - ▷ Para deslocamentos no transporte para jogos em outros locais?
  - ▷ Para jogos na nossa quadra?
  - ▷ Em eventos que envolvam a equipe?
  - ▷ Quando pode usar boné?
  - ▷ Quando pode usar chinelo?
  - ▷ Como deverá ser a devolução do uniforme de jogo?

Material

- Necessidade de ter caderno e caneta, apostila ou livro.
- Normas para trabalhos acadêmicos, se eles existirem.
- Recomendações sobre a guarda do seu material.
- Cuidados com os materiais das aulas/treinos.

Postura

- Uso do telefone celular, *tablet* etc.
- Que linguagem se deve usar?

- Pode ou não fumar?
- Uso de aparelhos de som com fones de ouvido.

Avaliação

- Quantas são?
- Peso de cada avaliação.
- Datas das avaliações.
- Critérios de avaliação.
- Fatores de composição da nota.

*Posicione-se perante as coisas que acredita,
mesmo se tiver que se posicionar sozinho.*

John Wooden

Histórico do basquetebol

O basquetebol foi inventado em 1891, pelo professor de educação física canadense James Naismith. Ele trabalhava na YMCA da cidade de Springfield, estado de Massachussets, nos Estados Unidos.

Era inverno e o frio e a neve se faziam presentes na região nordeste dos Estados Unidos. Como as quadras e os espaços esportivos a céu aberto estavam interditados, as práticas do rúgbi, do beisebol e do atletismo ficavam impossibilitadas. Restavam somente as monótonas opções da ginástica calistênica e de aparelhos de musculação, e a insatisfação dos alunos preocupava o diretor da Escola de Treinamento da Associação Cristã de Moços, doutor Luther Halsey Gulick, um dos precursores da educação física em escolas americanas.

Gulick decidiu que uma nova oferta de atividade deveria ser feita e chamou, então, o professor James Naismith à sua sala, entregando-lhe assim a árdua tarefa de sugerir alguma alternativa de prática coletiva, estimulante e que pudesse ser realizada em lugares pequenos, cobertos e fechados. Deveria também ser uma atividade não violenta e que atendesse ao maior número de praticantes possível.

Naismith, que era pastor presbiteriano e pacifista, inspirou-se numa brincadeira de infância, quando, no Canadá, os amigos se reuniam à beira dos lagos e ficavam tentando acertar um objeto flutuante qualquer por meio de um arremesso parabólico com uma pedra recolhida na margem. Existe outra versão explicando que esta brincadeira consistia em acertar, com uma pedra, outra pedra colocada sobre um rochedo. Alguns anos depois, ele escreveu que pensou em um jogo que dependesse exclusivamente da habilidade dos atletas e não de sua força: "Eu criei o basquete com a noção cristã do amor ao próximo".

Na manhã seguinte, ao chegar ao trabalho, pediu ao zelador da ACM, o senhor Stebins, duas caixas quadradas de madeira. Ao tentar atender o professor, o zelador, não tendo encontrado as tais caixas, voltou com dois cestos de pêssegos que estavam guardados desde a última colheita. Não era bem aquilo que o professor tinha em mente, mas como não havia outra opção ele se resignou.

Havia a preocupação de que os hábitos considerados violentos do rúgbi não fossem transferidos para a nova atividade — os jogadores não deveriam correr com a bola nas mãos e alvos baixos implicariam maior contato físico na relação de defesa e ataque. Naismith decidiu então que, primeiramente, para progredir com a bola, obrigatoriamente o jogador deveria driblar e, em segundo lugar, os alvos (cestas) seriam colocados acima da altura da cabeça dos jogadores; esta questão foi resolvida com os cestos sendo colocados na altura da bancada da ACM, que era de três metros de altura. Por fim, determinou que o uso dos pés fosse ilegal.

A bola foi escolhida entre as poucas opções que havia na época. A de beisebol, pequena e dura, não serviria. A de rúgbi, oval, tampouco. A bola de futebol de capotão se enquadrou melhor nos objetivos e foi escolhida, inicialmente com seus poucos gomos e costuras grossas, podia bem ou mal ser driblada e era mais adequada para os passes e arremessos do novo jogo.

Naismith chamou os dezoito secretários da ACM para serem cobaias no teste inicial. Separados em dois grupos de nove, jogaram a primeira partida da história do basquetebol. Naismith declarou, mais tarde, que o grupo estava cético com a novidade; no entanto, os problemas acabaram assim que o professor jogou a bola para cima e a dificuldade foi tirar os times da quadra no final do horário.

A origem do nome "BASKETBALL" vem daí: "BALL" = bola e "BASKET" = cesto, que é como a modalidade foi tratada inicialmente no Brasil: bola ao cesto.

O basquete, no entanto, tem uma origem bem mais antiga do que se imagina. Dez séculos antes de Cristo os Maias, tribo indígena da América Central, praticavam um jogo que apresenta numerosas semelhanças com o esporte de Naismith: o Pok-ta-Pok. O jogo foi ainda herdado pelos Astecas, sucessores dos Maias, no século XVI, com o nome de Oloitic.

As regras são bastante conhecidas graças aos manuscritos deixados por essas tribos. A partida era disputada em um terreno retangular cercado por muros de sete a oito metros de altura. Um anel de pedra era fixado em uma extremidade do campo a quase três metros do solo. O jogo consistia em arremessar uma pequena bola de borracha no meio desse anel. Parecia simples, mas não era. As equipes, de três a cinco jogadores, só podiam tocar a bola com o quadril, as coxas, os joelhos e os cotovelos. Estas regiões do corpo eram protegidas por tiras de couro e deixavam os jogadores com aspecto de gladiadores. Quem marcasse o primeiro ponto era declarado vencedor e recebia todas as glórias. O capitão perdedor, pobrezinho, era decapitado. Praticado durante séculos na América Central, o jogo foi proibido pelo clero espanhol em 1519.

Manejo de corpo geral e específico do basquetebol

Manejo de corpo é a capacidade de realizar movimentos e gestos específicos do basquetebol.

No conteúdo referente a manejo de corpo serão feitas infinitas abordagens em função das diferentes idades e dos diferentes estágios de desenvolvimento da idade dos alunos, ou seja, não somente a idade cronológica será levada em consideração, mas principalmente a maturidade alcançada por cada aluno em cada turma.

O manejo de corpo geral é recomendado e passível de ser trabalhado em qualquer faixa etária na escola, desde que a escolha de conteúdos e métodos seja adequada aos diferentes níveis de aprendizagem. Diz respeito ao aumento e à qualificação do repertório motor dos alunos e é, de forma geral, bastante abrangente.

O manejo de corpo específico é constituído por aqueles movimentos que se confundem com o jogo de basquetebol propriamente dito. Eles podem ser encontrados em outras modalidades, mas nenhuma delas pode prescindir destes que são elementos determinantes para uma boa qualidade de execução em todos ou quase todos os outros fundamentos de cada esporte. A tendência de valorizar os arremessos, os passes e os dribles será natural em se tratando de basquetebol, porém nenhuma execução técnica poderá prescindir de uma finta bem feita, uma parada brusca com saída rápida bem executada ou de uma mudança de direção efetiva, motivo pelo qual o autor entrega tanta importância nesta análise.

Na Educação Infantil a ludicidade deverá ter uma presença constante nas atividades propostas, com elementos formativos sendo incluídos em proporção cada vez maior até o final do Fundamental II. Movimentos como o de andar na ponta dos pés ou apoiado somente nos calcanhares terão de ser apresentados de acordo com a faixa etária dos alunos. Na faixa dos três aos cinco anos, por exemplo, tentar progredir em silêncio no primeiro caso e imitar um patinho no segundo caso podem ser estratégias interessantes para envolver os alunos, estimulando-os a vivenciar os movimentos propostos pelo professor. Estes mesmos movimentos terão de ser propostos de outras formas para alunos mais velhos, sob pena de os alunos se recusarem a participar.

Exercícios de coordenação motora e trabalho de pés (*foot work*) também são elementos interessantes no desenvolvimento de capacidades físicas básicas das crianças e jovens. Os trabalhos coordenativos utilizados nas corridas do atletismo são excelentes para promover tal competência. Exercícios de corrida envolvendo movimentos como o *skip*, o *anfersen* e o *hope* combinados entre si e com exigências de lateralidade alternadas entre eles são recomendáveis desde quando os alunos sejam capazes de executá-los, mesmo que muito precocemente.

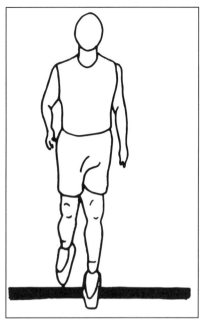
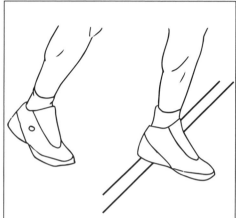

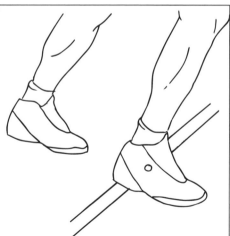

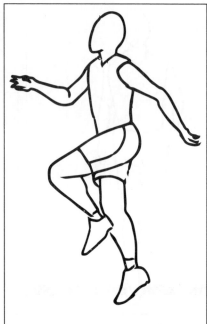

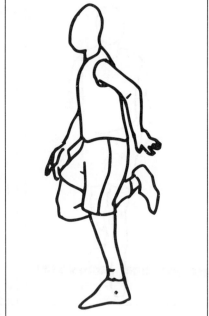

Procedimentos de segurança

Procedimentos de segurança referentes aos exercícios solicitados também devem estar presentes em todos os níveis de ensino-aprendizagem. Eles não vão garantir que acidentes não irão acontecer, mas diminuirão o risco, e esse é o objetivo maior. Para tanto, deve-se informar ao aluno, por exemplo, que correr de costas implica probabilidade maior de queda:

- ▶ Ele não deve usar uma velocidade que não seja compatível com seu equilíbrio.
- ▶ Ao perceber qualquer desequilíbrio para trás, posicionar seu queixo junto ao seu peito para salvaguardar a cervical em caso de queda (esse posicionamento facilita o rolamento para trás).
- ▶ Ao perceber qualquer desequilíbrio para trás, procurar proteger o cóccix de qualquer trauma colocando as mãos para trás, a fim de amortecer o impacto da queda.

Os exercícios de ação e reação também são muito ricos em estímulos específicos para o basquetebol. Eles trabalham elementos de base fundamentais para a prática do jogo, tais como explosões, saídas rápidas e paradas bruscas, fintas e mudanças de direção. Como este tipo de atividade utiliza muita velocidade, novamente os procedimentos de segurança devem ser colocados previamente:

▶ Quando estiver sendo perseguido, jamais olhar para trás para saber onde o perseguidor se encontra.

▶ Ficar atento para desviar de outros alunos que possam estar vindo desavisadamente no mesmo sentido.

▶ Em exercícios em que haja saltos para superar qualquer tipo de obstáculo, atenção redobrada ao tempo e ao espaço disponíveis para executar a ação.

Sugestão de aula 1

Andar

▶ de frente na ponta dos pés;

▶ de frente nos calcanhares;

▶ de frente com um pé à frente do outro;

▶ de frente segurando a ponta dos pés com as mãos;

▶ de frente batendo palmas entre as pernas;

▶ de frente elevando pernas e braços flexionados alternadamente;

▶ de costas.

Correr

- ▶ de frente;
- ▶ de costas;
- ▶ lateralmente;
- ▶ lateralmente alternando as pernas para frente e para trás;
- ▶ de frente com circundução de braços para frente;
- ▶ de frente com circundução de braços para trás;
- ▶ de frente com circundução de braços alternados para frente e para trás;
- ▶ elevando pernas flexionadas e braços estendidos alternadamente;
- ▶ de frente com elevação de joelhos;
- ▶ de frente com elevação de calcanhares;
- ▶ de frente chutando os pés para a frente;
- ▶ de frente fazendo um salto ou um giro no ar;
- ▶ de frente saltando em extensão;
- ▶ de frente fazendo diferentes mudanças de direção;
- ▶ congelando / estátua (saídas rápidas e paradas bruscas).

Ação e Reação

- ▶ Gato e rato: ratoeira sentada no chão com pernas estendidas à frente. O gato persegue o rato, que tem três segundos para encontrar uma ratoeira; o ratinho "entra" na ratoeira saltando as pernas desta, quando então se torna ratoeira, fazendo com que a ratoeira se torne gato, e o gato se torne rato (perseguição alternada).
- ▶ Gato e rato: dividir os alunos em duplas, e um indivíduo de cada dupla será batizado de #1 e #2. Quando o professor chama o número UM, #1 persegue #2, e quando o profes-

sor chama o número DOIS, #2 persegue o #1 (perseguição alternada).

▶ Gato e rato: seis duplas, sendo cinco de mãos dadas formando um círculo. Quando o rato entra por um lado, outro rato foge pelo lado contrário da ratoeira (perseguição contínua).

Sugestão de aula 2

Coluna por um, correndo curto

▶ Último para frente da coluna.

▶ Idem, zigue-zague entre os companheiros.

▶ Tocando as linhas laterais com o pé correspondente ao lado do deslocamento para mudar de direção.

▶ Tocando as linhas laterais com o pé contrário ao lado do deslocamento para mudar de direção — apoio no pé de trás.

▶ Tocando as linhas laterais com o pé contrário ao lado do deslocamento para girar — apoio no pé da frente.

Dois a dois, frente a frente

▶ Espelho (reflexo e personagem).

▶ Correr, parar tocando rapidamente nas mãos do colega e voltar de costas.

▶ Correr, parar, dar as mãos, fazer meia-volta saltitando e voltar de costas.

▶ Correr, parar, dar as mãos, fazer volta inteira saltitando e voltar de costas.

- Desviar para a direita.
- Desviar para a esquerda.
- Fintar para a esquerda, sair para a direita.
- Fintar para a direita, sair para a esquerda.
- Pé direito à frente, girar para a direita.
- Pé esquerdo à frente, girar para a esquerda.

Três a três no fundo da quadra

- Oito sem bola aberto correndo de frente.
- Oito sem bola fechado (ombro a ombro) correndo lateral-mente.

Quatro colunas por um formando uma cruz

- Girar no centro indo para a coluna adjacente da direita.
- Girar no centro indo para a coluna adjacente da esquerda.

Três colunas por um, cada uma de frente para o centro das outras duas colunas

- Passa e segue a bola para a direita.
- Passa e segue a bola para a esquerda.
- Passa a bola para a direita e corre no sentido oposto à bola para a esquerda.
- Passa a bola para a esquerda e corre no sentido oposto à bola para a direita.

Manejo de bola

Manejo de bola é a capacidade de manusear a bola nas mais diversas situações, incluindo aquelas que não fazem parte específica do jogo de basquetebol.

Os exercícios de manejo de bola serão executados pelo aluno enquanto ele aprender basquetebol durante a sua vida, seja na escola durante as aulas, seja no treinamento de seu clube ou seleção para competições de diferentes níveis. É esse contato sistemático com a bola que garante que o aluno esteja familiarizado com ela, diminuindo assim a perda do domínio ou o número de bolas perdidas de fato em função da pouca intimidade do praticante com o material.

Como uma grande parte dos exercícios de manejo de bola está fundamentado em coordenação espaço-temporal, os alunos vão desenvolver naturalmente, por meio da prática destes exercícios, uma maior noção de sua própria altura e força e uma maior noção do tamanho e do peso da bola, percepções estas que vão colaborar para a desenvoltura geral destes durante a prática do jogo.

Levando-se em consideração que muitas crianças se machucam durante os primeiros contatos com a bola de basquetebol, na iniciação esportiva que acontece na escola os professores deverão falar das características da bola de basquetebol aos alunos antes mesmo do primeiro manejo, e alguns procedimentos de segurança devem ser respeitados para que não ocorram lesões já na apresentação da modalidade:

▶ Deixar claro para os alunos que a bola de basquetebol pode, ao contrário de outras bolas que eles conhecem, machucá-los com gravidade se não for tratada corretamente. Dar exemplos dos tipos de lesão que podem ser causados pelo uso indevido ou descuidado da bola pode ser uma estratégia interessante para chamar a atenção para o assunto.

▶ Falar das características que fazem com que a bola de basquetebol seja muito diferente das bolas de voleibol, handebol e futebol:
   ▷ ela é muito maior;
   ▷ ela é muito mais dura;
   ▷ ela é muito mais pesada;
   ▷ ela é mais áspera (borracha).

▶ Não admitir que os alunos chutem as bolas de basquete. Os acidentes mais graves acontecem justamente assim, com alguém chutando a bola.

▶ Ensinar a empunhadura básica do basquetebol, que é segurar a bola lateralmente, utilizando a ponta dos dedos e a parte calosa das mãos.

 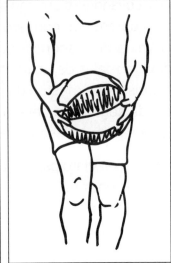

- Ensinar os alunos a transmitir a bola de basquetebol. Como ainda não ensinamos os passes básicos, quando um aluno tiver que transmitir a bola para outro aluno, este deve entregá-la em mãos ou rolar a bola no chão caso esteja afastado do companheiro. Este tipo de orientação não vai evitar que os alunos joguem a bola uns contra os outros, mas pode minimizar o problema, tornando atitudes como essas exceções no processo.

Por mais paradoxal que possa parecer durante os exercícios de manejo de bola, os professores vão poder avaliar a qualidade da execução dos exercícios por meio da observação de alguns requisitos que podem colaborar muito para que a aquisição de habilidade aconteça de maneira mais concreta e contínua. Para tanto, os alunos devem ser estimulados a:

- Aumentar a velocidade de execução dos exercícios propostos. A velocidade máxima é diferente para cada aluno, então se uma velocidade é inferior à outra não há problema, desde que corresponda à máxima de cada um em cada execução.

▶ Trabalhar o lado não dominante do corpo. Se o aluno é destro, trabalhar o lado esquerdo, e se o aluno é canhoto, trabalhar o lado direito.

▶ Trabalhar o lado não dominante do sentido do exercício. Alguns exercícios não utilizam somente um lado do corpo; portanto, a inversão do sentido de execução é a solução para aumentar a dificuldade do aluno.

▶ Procurar não olhar para a bola durante a execução dos exercícios. Olhar para o lado oposto à bola ou executar os exercícios de olhos fechados.

Aqui estaremos nos deparando com o paradigma que norteia as muitas ações que envolvem controle de bola, ou seja, aparentemente quando o aprendiz deixa a bola escapar fazemos uma avaliação negativa com relação ao nível de habilidade demonstrado e agora, especificamente nos exercícios de manejo de bola no basquetebol, acontece exatamente o contrário, e um bom termômetro para esta avaliação é a quantidade de bolas que escapam do controle dos alunos. Quanto mais bolas estiverem escapando, mais os estímulos sugeridos acima serão alvo de tentativa por parte dos alunos, o que é muito bom sinal.

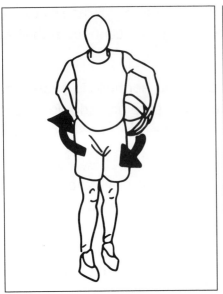

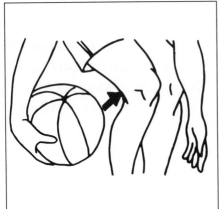
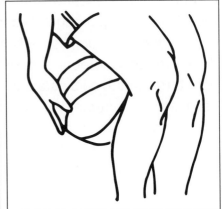
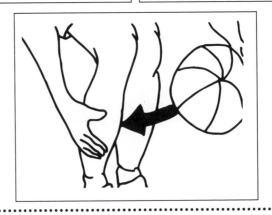

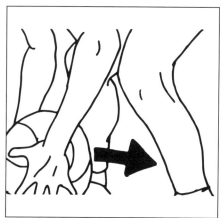
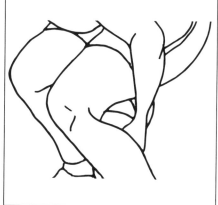

Sérgio Maroneze — **Manejo de bola** — 53

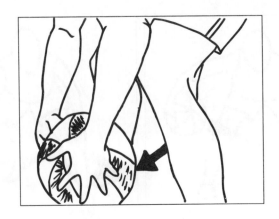

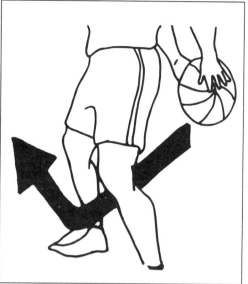

Manejo de bola

Sugestão de aula 3

Partindo da empunhadura básica

- Em um movimento de pêndulo, encaixar a empunhadura de uma mão para outra.
- Aumentando a amplitude do pêndulo, tentar fazer com que a bola chegue acima da cabeça com uma das mãos de cada vez.
- Utilizando somente a ponta dos dedos, dar tapas na bola de uma mão para outra. Variar a altura da execução: acima da cabeça, à frente do peito e abaixo da linha dos joelhos.
- Jogando a bola na direção do solo à sua frente, seguir na direção da bola fazendo o encaixe da empunhadura.
- Jogando a bola para cima, seguir na direção da bola fazendo o encaixe da empunhadura.

- Idem, com impulsão vertical.
- Oito rolando a bola entre as pernas, usando somente a ponta dos dedos.
- Oito com a bola aérea entre as pernas.
- Com médio afastamento lateral de pernas paralelas, soltar a bola na frente do corpo, deixá-la tocar no solo e segurá-la atrás (e vice-versa).
- Idem, sem deixar a bola tocar no solo.
- Idem, em posição anteroposterior de pernas.
- Idem, com alternância de braços e pernas para frente e para trás.
- Jogando a bola entre as pernas para frente e para trás.
- Idem, sem flexionar o tronco.
- Jogando a bola para trás do corpo, por cima da cabeça, segurando-a com as duas mãos nas costas.
- Jogando a bola para frente do corpo, por cima da cabeça, segurando-a à frente do peito.
- Jogando a bola da altura do peito para, no máximo, na altura da cabeça, bater uma palma à frente do corpo, segurando a bola antes que ela toque o solo.
- Idem, bater duas palmas à frente do corpo.
- Idem, bater três palmas à frente do corpo.
- Idem, bater uma na palma à frente do corpo e outra atrás.
- Idem, bater uma na palma atrás do corpo e outra à frente.

Trabalhando com duas bolas

- Malabarismo: trocar as bolas de uma mão para outra, primeiro no sentido horário, depois no sentido anti-horário.

▶ Equilíbrio (1): colocar uma bola sobre a outra e, podendo pivotear sobre um dos pés (pé de apoio), equilibrar a bola sem que ela toque nenhuma parte do seu corpo.

▶ Equilíbrio (2): idem ao anterior, porém sem a restrição do pé de pivô. Agora o aluno terá que girar a bola de baixo, equilibrando a bola de cima.

Drible

Drible é o ato de impulsionar a bola contra o solo utilizando uma das mãos de cada vez.

O drible é a única forma pela qual um jogador de posse de bola pode progredir na quadra de basquetebol. O drible acontece à frente e ao lado do corpo e pode ser feito alto ou baixo, e no primeiro caso não existe assédio da defesa e o atacante com bola se sente mais à vontade para driblar normalmente, o que no basquetebol quer dizer que a bola será driblada no máximo na altura da cintura. Esta é também a forma correta de driblar naquelas situações em que o atacante com a bola precisa de muita velocidade no seu deslocamento. Já o drible baixo ocorre quando a defesa está próxima e o atacante de posse de bola quer garantir ao mesmo tempo uma menor exposição da bola (quanto mais baixo o drible, menos à disposição da defesa ela fica) e um controle maior sobre ela, que fica menos tempo fora de sua mão. Para driblar baixo em situações de jogo é necessário que o aluno apresente uma desenvoltura maior com o fundamento, o que provavelmente não vai acontecer logo no começo da aprendizagem.

Para executar o fundamento drible, a bola deverá ser impulsionada contra o solo com apenas uma das mãos de cada vez e a posição do corpo dependerá da distância em que o driblador estará da defesa adversária. Com a defesa próxima, o atacante deverá colocar-se em posição anteroposterior de pernas, com os joelhos semiflexionados, o troco semiflexionado e o braço livre semiflexionado com a palma da mão apontada para frente e o polegar apontado para baixo a fim de proteger a bola, estabelecendo assim uma barreira física o mais afastado da bola possível. O atacante deve estar com a cabeça levantada, olhando para a frente. Dar as costas para o adversário quando tiver a bola assediada é um erro a ser observado como grave e deve ser corrigido imediatamente.

Para efeito de organizar o ensino da melhor maneira possível, podemos dividir o conteúdo em duas partes. São elas:

- ▶ fase de aprendizagem do drible;
- ▶ drible com mudanças de direção.

Na primeira fase, dita de aprendizagem do drible, os objetivos a serem alcançados seriam familiarizar o aluno com o fundamento e fazer o aluno executar o drible com menor ou nenhuma incidência dos três principais erros da fase em questão:

- ▶ dar tapas na bola, na intenção de dominá-la (iniciação precoce);
- ▶ olhar constantemente para a bola;
- ▶ driblar acima da linha de cintura;
- ▶ driblar muito à frente do corpo.

A segunda fase, dita de drible com mudanças de direção, receberia as abordagens relacionadas à exigência técnica do jogo com relação à coerência da mão que dribla e o lado para o qual o aluno progride. Cabe explicar detalhada e pacientemente para os alunos que, em um jogo de basquetebol, um driblador só progride em linha reta quando a defesa adversária se encontra afastada e que a proximidade do defensor inviabiliza essa ação. Daí para a frente o atacante, na maioria das vezes, vai utilizar uma trajetória em grandes ou pequenas diagonais para que seu corpo possa estar entre o defensor que o acompanha e o lado onde a bola está sendo driblada. Esta coerência será respeitada sempre que, indo para o lado direito, o aluno drible com a mão direita e, indo para o lado esquerdo, drible com a mão esquerda. Se existe uma exceção, este é o caso da bandeja quando um atacante de posse de bola se aproxima vindo da lateral da quadra. A explicação é simples e acompanha a lógica do posicionamento da defesa entre a bola e a cesta que defende; daí o atacante se deslocar para a esquerda (meio da quadra) driblando com a mão direita, posicionando, assim, seu corpo entre os defensores e a mão que dribla.

Para mudar de direção, alternando as diagonais de um lado para outro conforme a sua conveniência ou necessidade, vamos tratar agora das quatro maneiras de fazê-lo: pela frente do corpo, por trás do corpo, entre as pernas e giro.

1. Pela frente do corpo

O corte pela frente do corpo consiste em cruzar a bola da mão do drible para a outra mão pela frente do corpo, impulsionando-a contra o solo em uma diagonal dirigida ao solo, mais ou menos onde o centro de gravidade está projetado (desenhando um "V" à frente do corpo).

Os principais erros são:

▶ não acentuar o "V" ao empurrar a bola para o lado oposto do corpo;

▶ não fazer a mudança de direção corporal com o ângulo reto, traçando assim uma trajetória de deslocamento curvilíneo no solo;

▶ cruzar a mão oposta ao drible à frente do corpo para buscar a bola, em vez de empurrar a bola para o outro lado com a mão de drible;

▶ mudar a direção da bola sem sincronia com a mudança de direção do corpo (as duas ações devem ser simultâneas).

2. Por trás do corpo

O corte por trás do corpo consiste em trocar a bola da mão do drible para outra mão por trás do corpo, impulsionando-a contra o solo para que a bola faça sua aterrizagem ao lado do corpo (e não atrás dele), do lado do pé oposto à mão inicial de drible.

Os principais erros são:

▶ Conduzir excessivamente a bola (violação);
▶ em vez de impulsionar a bola para o lado oposto do corpo, dar a volta na bola com o corpo;
▶ deixar a bola sem domínio por mais de um drible após a mudança de lado;
▶ mudar a direção do deslocamento para acompanhar a trajetória (errada) da bola na troca de lado.

3. Entre as pernas

O corte entre as pernas consiste em cruzar a bola da mão do drible para a outra mão por entre as pernas, normalmente por baixo da perna oposta à mão que dribla, impulsionando-a contra o solo em uma diagonal. É necessário estar com a perna oposta ao drible à frente do corpo, e os joelhos estarão semiflexionados.

Os principais erros são:

- ▶ levantar a perna da frente;
- ▶ levantar os calcanhares, tirando-os do chão;
- ▶ ficar parado muito tempo tentando acertar o "tempo" do corte;
- ▶ driblar em excesso para executar o corte.

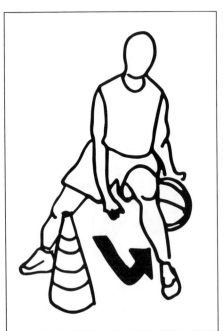 

4. Giro

O giro consiste em um movimento corporal em que a perna da frente será a perna de apoio — tendo também a função de proteger a bola — e o driblador mudará a sua trajetória de um lado para outro girando sobre essa perna. A bola será trocada de mão assim que for estabelecido o novo trajeto, ou seja, aproximadamente na metade do percurso quando o driblador estiver de costas para seu adversário. É necessário estar com a perna oposta ao drible à frente do corpo. O giro, quando bem executado, tem a vantagem de ser a mudança de direção que mais protege a bola, com a desvantagem de deixar o atacante que o executa de costas para a quadra momentaneamente. Essa desvantagem raramente faz diferença na iniciação, pois depende de uma maturidade dos defensores que dificilmente foi alcançada somente até aqui.

Os principais erros são:

- ▶ aumentar excessivamente a altura do drible durante o giro;
- ▶ atrasar ou adiantar a troca de mão;
- ▶ mudar a direção do corpo sem sincronia com a mudança de direção da bola (as duas ações devem ser simultâneas).

Sugestão de aula 4

Drible parado, em pé

- À frente e ao lado do corpo com uma das mãos.
- Formando um "V" na altura dos joelhos, de uma mão para a outra.
- Idem, ao lado do corpo com a mesma mão para frente e para trás.
- Idem, dois dribles para trás e um para a frente.
- Idem, dois dribles para frente e um para trás.
- Por trás do corpo, deixando a bola atingir o solo, de uma mão para a outra.
- Em posição anteroposterior de pernas, por baixo da perna contrária à mão de drible.
- Oito entre as pernas.

Drible parado, sentado

- Ao lado do corpo.
- Por cima das pernas estendidas no solo;
- Por baixo das pernas elevadas/flexionadas à frente do corpo;
- Por trás do corpo;
- Levantar a bola com um movimento rápido de punho;
- Deitar e driblar ao lado do corpo (nuca no chão).

Drible em movimento

- Para a frente.
- Para trás.

- Paradas bruscas e saídas rápidas para a frente.
- Grandes diagonais, cortando pela frente do corpo.
- Idem, em minidiagonais.
- Grandes diagonais, cortando por trás do corpo.
- Idem, em minidiagonais.
- Grandes diagonais, cortando por baixo das pernas.
- Idem, em minidiagonais.

Sugestão de aula 5

Deixando de olhar para a bola

- Drible orientado pelo professor: para frente, para trás, esquerda e direita.
- Quatro cantos: ao comando de voz, um determinado número de alunos vai driblando para os quatro cantos da quadra a fim de formar grupos daquele número determinado pelo professor. Eles devem aguardar a contagem, sentados, sem parar de driblar.
- Drible em espaços cada vez mais reduzidos: quadra de basquetebol, meia quadra de basquetebol, quadra de voleibol, meia quadra de voleibol, área dos três pontos, garrafão e círculo central.
- Idem, com os alunos sendo solicitados a tentar roubar a bola uns dos outros entre as mudanças de espaço.
- Dois a dois, cada um tentando roubar a bola do outro.

Giro

- ▶ Correndo, sem bola, tocar as linhas laterais da quadra de basquete e voleibol com o pé correto (pé contrário à direção do deslocamento) de cada lado, fazendo mudanças de direção.
- ▶ Idem, executar um giro sem bola cada vez que tocar nas linhas.
- ▶ Idem, com bola, fazer o giro com troca de mão.
- ▶ Idem, fazer o giro puxando a bola para o lado oposto com a mesma mão.

Dribles com duas bolas

- ▶ Para a frente contínuo.
- ▶ Para a frente alternado.
- ▶ Para trás contínuo.
- ▶ Para trás alternado.
- ▶ Rolando uma bola e driblando outra.
- ▶ Driblando uma bola bem mais baixa que a outra.
- ▶ Cortando as duas bolas pela frente do corpo.
- ▶ Cortando uma bola pela frente e outra por trás do corpo.
- ▶ Cortando as duas bolas por baixo das pernas ao mesmo tempo, de trás para a frente.

Estafetas de drible em colunas por um

- ▶ Velocidade pura: driblar o mais rápido possível, contornando um cone pelo lado certo, voltar driblando e entregar a bola para o primeiro da coluna, sentando atrás dela. Alternar mão de drible na segunda série do exercício.

- Equilibrar bolas nos cones: driblar o mais rápido possível e, chegando ao seu cone, equilibrar a bola em cima deste. Retornar sem bola somente quando a bola estiver colocada corretamente, e o próximo companheiro vai sem bola e volta driblando. Alternar posições na segunda série do exercício.
- Telegrama: idem aos anteriores, porém, ao entregar a bola para o primeiro de sua coluna, este tem de aguardar o "telegrama" chegar. O aluno que trouxe a bola vai para a última posição de sua coluna e toca as costas do próximo aluno, que repete o gesto no aluno da frente e assim sucessivamente, até chegar ao primeiro que então pode sair.

Sugestão de aula 6

Aquecimento

- Troca de lado da quadra driblando. Equipes posicionadas de lados diferentes da quadra. A equipe que chega (inteira) primeiro ganha o ponto.
- Pegador: só um aluno sem bola (depois dois, três, quatro pegadores sem bola).
- Rolar a bola para o lado contrário da quadra, fazer um suicida e voltar para pegar a bola no chão e driblar para o ponto de partida.

Exercícios de queda e perna de apoio

- Jogar a bola para a frente e pegá-la saltando e caindo simultaneamente nos dois pés paralelos.
- Idem, escolher uma perna de apoio tirando a outra perna para a frente e para trás, alternadamente.

- Idem, girando completamente pela frente (360°) em quatro passos.
- Idem, girando completamente por trás (360°) em quatro passos.

Exercícios de dribles com mudança de direção

- Cones em linha reta, executar as minidiagonais utilizando os diferentes cortes, cada uma das quatro mudanças de direção durante pelo menos dois ciclos completos (vai e volta, vai e volta).
- Minidiagonais.
- Circular os semicírculos dos garrafões e círculo central da quadra, respeitando a coerência de mão de drible com o lado da quadra.

Passe

Passe é a ação de transmitir a bola a outro companheiro, de maneira que o receptor possa utilizá-la da melhor forma.

Os passes constituem-se na forma mais veloz de progressão da bola durante um jogo de basquete. Os quatro passes considerados básicos são: peito, picado, por cima da cabeça com ambas as mãos e ombro.

Os passes de peito, picado e por cima da cabeça com ambas as mãos utilizam a mesma técnica para sua execução, seja ela: com a bola na empunhadura básica, executar uma extensão simultânea de cotovelos, uma pronação simultânea de antebraços e uma flexão simultânea de punhos; um passo à frente com qualquer uma das pernas, será utilizado sincronizadamente à extensão de cotovelos.

Já o passe de ombro tem uma característica técnica diferenciada, como: segurar a bola com a ponta dos dedos e a parte calosa das mãos, e os polegares deverão formar um ângulo de 90° entre eles, com a mão de passe posicionada por trás e por baixo da bola e a mão de apoio pelo lado de dentro da bola com relação ao corpo do passador; executar uma extensão do cotovelo de passe flexionando totalmente o punho correspondente no final do movimento; sugere-se que pelo menos na iniciação a perna que vai acompanhar o movimento à frente seja a perna que corresponde ao lado do corpo que efetuou o movimento.

1. Peito

O passe de peito é um passe rápido e a bola segue uma trajetória retilínea. Consiste em segurar a bola na empunhadura básica à altura do tórax, com médio afastamento lateral das pernas. A bola é impulsionada à frente por meio da extensão dos cotovelos na linha dos ombros, os cotovelos não devem ser exageradamente abertos e a continuidade do movimento se dá com uma pronação simultânea dos antebraços e uma flexão simultânea de punhos. No final, as mãos deverão estar voltadas para fora (polegares apontando para baixo) a fim de assegurar a trajetória da bola. Deve-se auxiliar o movimento, com uma das pernas indo à frente simultaneamente ao movimento de membros superiores, com pequena inclinação de tronco à frente. A aterrizagem da bola deve acontecer entre a linha de cintura e a parte de baixo do queixo do receptor.

Os principais erros são:

- ▶ trajetória parabólica da bola;
- ▶ não estender os cotovelos;
- ▶ não pronar os antebraços;
- ▶ não flexionar os punhos;
- ▶ local inadequado de decolagem ou de aterrissagem da bola;
- ▶ abrir demasiadamente os braços no final do passe;

- abrir demasiadamente os cotovelos, bem como mantê-los muito próximo ao corpo;
- não executar o movimento de membros inferiores simultaneamente ao de membros superiores.

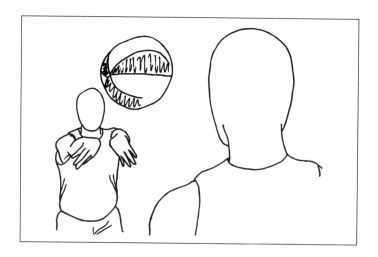

2. Picado

O passe picado é utilizado para curtas distâncias, consiste em segurar a bola na empunhadura básica à altura do tórax, com médio afastamento lateral das pernas. A bola é impulsionada contra o solo por meio da extensão dos cotovelos para baixo, os cotovelos não devem ser exageradamente abertos e a continuidade do movimento se dá com uma pronação simultânea dos antebraços e uma flexão simultânea de punhos. No final, as mãos deverão estar voltadas para fora (polegares apontando para baixo) a fim de assegurar a trajetória da bola. Deve-se auxiliar o movimento, com uma das pernas indo à frente simultaneamente ao movimento de membros superiores, com uma semiflexão dos joelhos e pequena inclinação do tronco à frente. A aterrizagem da bola deve acontecer entre a linha de cintura e a parte debaixo do queixo do companheiro.

Os principais erros são:

- não estender os cotovelos;
- não pronar os antebraços;
- não flexionar os punhos;
- local inadequado de decolagem ou de aterrissagem da bola;
- abrir demasiadamente os braços no final do passe;
- abrir demasiadamente os cotovelos, bem como mantê-los muito próximo ao corpo;
- não executar o movimento de membros inferiores simultaneamente ao de membros superiores.

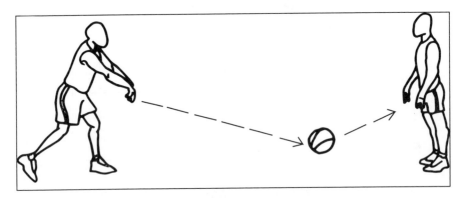

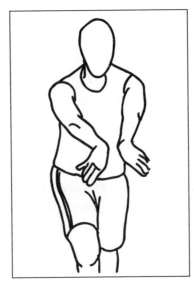

3. Por cima da cabeça com ambas as mãos

O passe por cima da cabeça com ambas as mãos é utilizado para curtas distâncias e segue uma trajetória retilínea. Normalmente é usado para servir o pivô, ou quando o defensor bloqueia o ângulo para passes mais baixos. Consiste em segurar a bola na empunhadura básica, acima da cabeça, com os cotovelos ligeiramente flexionados e os cotovelos apontados para frente e para fora. As pernas devem estar em médio afastamento lateral. Deve-se estender os cotovelos para cima e para a frente, e a continuidade do movimento se dá com uma pronação simultânea dos antebraços e uma flexão simultânea de punhos. No final, as mãos deverão estar voltadas para fora (polegares apontando para frente) a fim de assegurar a trajetória da bola. Deve-se auxiliar o movimento com uma das pernas indo à frente simultaneamente ao movimento de membros superiores. A aterrizagem da bola deve acontecer acima da cabeça do companheiro.

Os principais erros são:

► segurar a bola atrás da cabeça;

► segurar a bola na frente da testa;

► segurar a bola somente pela parte de trás, girando a empunhadura básica;

► abaixar os braços ao final do passe;

► trajetória da bola muito acima da cabeça ou no corpo do companheiro;

► não estender os cotovelos;

► não pronar os antebraços;

► não flexionar os punhos;

► não executar o movimento de membros inferiores simultaneamente ao de membros superiores.

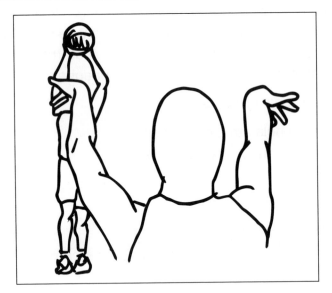

4. Ombro

O passe de ombro é utilizado para atingir longas distâncias. Consiste em segurar a bola à frente de um dos ombros, com as mãos formando um ângulo de 90 graus entre os polegares e a mão de passe deverá estar por trás e por baixo da bola e a mão de apoio pelo lado. Na posição inicial, braço e antebraço do passe estarão flexionados e junto ao corpo. No momento da execução do passe, as pernas estarão em médio afastamento lateral ou em posição anteroposterior, com a mão de apoio mantida praticamente na posição inicial e o braço de passe estendido para a frente na linha do ombro, havendo uma flexão de punho para finalizar (palma da mão termina para baixo e polegar aponta para dentro). Deve-se auxiliar o movimento, com a perna correspondente ao braço de passe indo à frente simultaneamente ao movimento de membros superiores. A trajetória da bola deverá ser o mais horizontal possível. Cabe aos professores insistir que a posição final da mão de apoio deve ser sustentada com o polegar voltado para trás, na direção do rosto do passador. Essa preocupação fará com que evitemos o carregamento de vícios para o arremesso com uma das mãos, assunto este que será abordado no próximo capítulo.

Os principais erros são:

▶ fazer a coordenação dos membros inferiores levando à frente a perna oposta à mão do passe à frente.

▶ não executar o movimento de membros inferiores simultaneamente ao de membros superiores.

▶ levar a bola para trás da linha do ombro.

▶ segurar a bola somente com uma das mãos, não lhe dando o necessário apoio e proteção.

▶ não estender o cotovelo.

▶ não flexionar o punho.

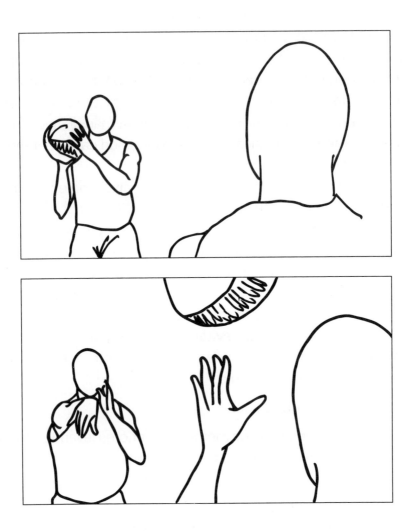

Uma maneira bastante eficiente de melhorar o gestual técnico dos passes (e posteriormente do arremesso com uma das mãos) é a que o autor batizou de "fotografia", uma técnica de autocorreção. Para realizar a fotografia, o aluno deverá permanecer imóvel na posição final de cada passe por um ou dois segundos, tempo suficiente para que ele observe a si mesmo para conferir se o gesto foi executado corretamente. O pré-requisito para que a fotografia possa ser utilizada pelos alunos é o conhecimento prévio das técnicas e dos referenciais de cada passe, para que existam elementos concretos que sejam de seu domínio, que é no que ele vai se basear quando estiver se corrigindo.

A recepção recomendada para os passes é sempre com as duas mãos, e estas estarão com as palmas voltadas para a frente e com os polegares bem próximos um do outro, com os cotovelos semiflexionados à frente do corpo. Ao receber a bola, as mãos devem ser encaixadas de forma a estabelecer a empunhadura básica imediatamente; os cotovelos serão flexionados para trazer a bola para perto do tórax e, se necessário, uma das pernas pode dar um passo para trás a fim de garantir melhor domínio e proteção para a bola. A exceção fica sendo o passe por cima da cabeça com ambas as mãos, que tem sua recepção alta.

Feita dessa forma, a recepção, por si só, torna-se um procedimento de segurança bastante completo. A posição das mãos impedirá que a bola atinja o rosto, o peito ou o estômago do aluno, já que os polegares estarão posicionados de forma a não permitir a passagem da bola. A flexão dos cotovelos será responsável pelo amortecimento da força do passe e o possível passo para trás completará o processo.

Tabela de passes básicos e suas características

	Peito	Picado	Por cima da cabeça	Ombro
Empunhadura	Básica.	Básica.	Básica.	90°, com mão de passe por trás e por baixo da bola e mão de apoio pela lateral da bola.
Posição inicial da bola	À frente do peito.	À frente do peito.	Acima da cabeça.	À frente do ombro correspondente à mão de passe.
Aterrizagem da bola	Entre a cintura e o queixo.	Entre a cintura e o queixo.	Acima da cabeça.	Entre a cintura e o queixo.
Técnica de membros superiores	Extensão dos cotovelos, pronação dos antebraços e flexão dos punhos.	Extensão dos cotovelos, pronação dos antebraços e flexão dos punhos.	Extensão dos cotovelos, pronação dos antebraços e flexão dos punhos.	Extensão do cotovelo e flexão do punho correspondente ao lado do passe.
Técnica de membros inferiores	Passo à frente com qualquer perna, simultâneo à saída da bola da mão.	Passo à frente com qualquer perna, simultâneo à saída da bola da mão.	Passo à frente com qualquer perna, simultâneo à saída da bola da mão.	Passo à frente com a perna correspondente à mão de passe, simultâneo à saída da bola da mão.
Trajetória da bola	Paralela ao solo.	Retilínea, na direção do solo (2/3 da distância).	Paralela ao solo.	Paralela ao solo.

Sugestão de aula 7

Dois a dois, frente a frente parados, usando o sentido longitudinal da quadra

- ▶ peito;
- ▶ peito picado;
- ▶ por cima da cabeça com uma das mãos;
- ▶ ombro.

Mesma formação anterior, porém em deslocamento para frente e para trás alternadamente

- ▶ peito;
- ▶ picado;
- ▶ por cima da cabeça com uma das mãos;
- ▶ ombro.

Mesma formação anterior

- ▶ quem se desloca de costas, ao receber o passe, coloca a bola no chão para que o companheiro tenha de pegá-la para executar o próximo passe.

Exercícios dois a dois, frente a frente, arados, com duas bolas

- ▶ picado com uma das mãos;
- ▶ crucifixo;
- ▶ peito / picado (contínuo);
- ▶ peito / picado (alternado).

Exercícios dois a dois, quadra toda

- ▶ correndo lado a lado pela lateral da quadra, trocando passes de peito;
- ▶ *idem*, passes picados;

▶ *idem* até o meio da quadra, depois o homem da lateral corre até a zona morta, recebe um passe longo e finaliza com um arremesso, indo pegar seu próprio rebote; o companheiro que passou a bola corre na diagonal oposta para reiniciar o exercício com a formação invertida.

Exercícios três a três, quadra toda

▶ linha de três com uma bola;

▶ oito;

▶ linha de três com duas bolas;

▶ linha de três com três bolas.

Exercícios três a três, meia quadra

▶ Três colunas no centro da quadra, cada coluna voltada para o meio das outras duas:

▷ passa e segue a bola;

▷ passa e corre para o lado oposto da bola;

▷ *idem* com mais de uma bola.

Passes alternativos com uma das mãos

▶ picado;

▶ pêndulo anteroposterior;

▶ pêndulo lateral;

▶ gancho;

▶ entre as pernas;

▶ por trás do corpo.

Arremesso com uma das mãos

Arremesso é o ato de finalizar a bola numa intenção clara de acertar a cesta, sendo o movimento final de um jogador no ataque.

1. Empunhadura

A empunhadura do arremesso com uma das mãos será feita com a ponta dos dedos e a parte calosa das mãos, com a mão de arremesso hiperestendida posicionada por trás e por baixo da bola e a mão de apoio pelo lado da bola. Os polegares deverão formar um ângulo de 90° entre si, e essa posição vai lembrar um "T" deitado para a esquerda nos destros e para a direita nos canhotos. A mão de apoio deverá estar na lateral da bola, com o polegar do arremessador voltado para trás e os demais dedos para cima.

2. Posição inicial de membros inferiores

Na posição inicial da aprendizagem do arremesso com uma das mãos, o aluno estará parado. Os pés do arremessador deverão estar afastados proporcionalmente à sua largura de ombros, e podem estar paralelos ou com o pé correspondente à mão de arremesso ligeiramente à frente do outro, sempre apontando para o alvo. O peso do corpo deve estar igualmente distribuído entre as duas pernas, de forma que o equilíbrio seja o melhor possível.

3. Posição inicial de membros superiores

O ângulo do braço de arremesso com relação ao corpo do arremessador é próximo de 90°, bem como o ângulo do braço com relação ao antebraço de arremesso também forma um ângulo próximo de 90°, ficando o primeiro paralelo ao solo, com o cotovelo apontando para a frente na mesma linha do ombro. O braço de apoio pode estar com o cotovelo mais aberto e numa posição mais confortável. Feita a posição inicial de membros superiores o arremessador normalmente irá visualizar a cesta entre os antebraços, e seu objetivo será acertar a parte de trás do aro.

4. Mecânica

No momento em que se inicia a ação do arremesso propriamente dito, há uma semiflexão dos joelhos, seguida de uma extensão destes. Simultaneamente haverá uma extensão do braço de arremesso com posição final próxima dos 15° que será finalizada com a quebra (flexão) do punho correspondente; à exceção do polegar, os dedos estarão apontados para baixo e para a frente na posição final. A mão de apoio terminará o movimento na mesma posição inicial, não tendo nenhuma responsabilidade em alavancar a bola, mas sim protegê-la, apoiá-la e servir de limitação para o ângulo de saída da bola da mão de arremesso. Há que se ressaltar que a posição final da mão de apoio já deve ter sido abordada com outro viés no passe de ombro, que foi quando ensinamos efetivamente a sustentação do polegar voltado para o rosto do então passador, agora arremessador. Esse tipo de hábito evita defeitos na trajetória da bola e deve ser incentivado e valorizado por todos na busca de um arremesso melhor desde os primeiros contatos com a modalidade.

Os principais erros são:

▶ Colocar a bola bem ao lado do rosto;
▶ não olhar para a cesta no momento do arremesso;
▶ abrir excessivamente os cotovelos;

- perna oposta à frente na posição inicial de membros inferiores;
- não segurar a mão de apoio, desviando assim a direção da bola.
- não completar a extensão do braço de arremesso;
- terminar o movimento sem a quebra total de punho;
- imediatamente após a saída da bola da mão, soltar o braço de arremesso e/ou de apoio para a frente e para baixo;
- decolagem e aterrissagem em locais diferentes;
- não haver coordenação entre o movimento de membros inferiores e de membros superiores.

Arremesso em movimento

Em um segundo momento será importante ensinar o aluno como se comportar numa situação de arremesso com uma das mãos em movimento, que ocorrem em grande número durante um jogo de basquetebol. Estas situações podem ser divididas basicamente em função da posse ou não da bola, ou seja, se o aluno vem driblando e vai parar e arremessar ou se vem sem bola, recebe o passe e faz o arremesso, e também em função da posição do aluno na quadra, pois se ele estiver de frente ou de lado para a cesta quando receber o passe, essa variante irá determinar a escolha de sua ação.

As regras são as mesmas no caso de o aluno vir com ou sem bola quando estiver de lado para a cesta. Nesse caso, a perna de entrada será aquela mais próxima da cesta; esta será a perna na qual o aluno irá girar para ficar de frente para a cesta. No caso de o aluno estar driblando, o último drible vai coincidir com a entrada dessa perna no solo e, caso ele receba um passe, essa será a perna que vai estar à frente quando a bola chegar às suas mãos.

No caso de o aluno vir de frente para a cesta, a perna de entrada é indiferente, independentemente se ele se aproxima driblando ou não, só que neste caso não há giro, uma vez que o arremessador já estará com o alvo à sua frente.

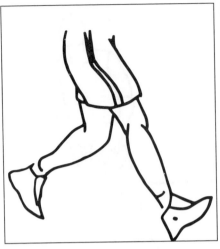 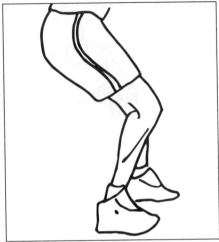

Sugestão de aula 8

Empunhadura e técnica de membros superiores

Dois a dois, frente a frente, sentados no chão

- Colocar a bola no chão e encaixar corretamente a empunhadura utilizando uma das técnicas. Trazer a bola para o lado do rosto e corrigir o posicionamento de membros superiores. Voltar à posição inicial e rolar a bola para seu companheiro.
- Idem ao anterior, fazendo a extensão do braço e a quebra de punho, arremessando para si próprio. Voltar à posição inicial e rolar a bola para o companheiro.
- Idem ao anterior, arremessando a bola na direção do companheiro.

Dois a dois, frente a frente, de pé

- Idem ao anterior.
- Idem ao anterior, fazendo a flexão dos joelhos e a extensão coordenada das pernas.

Duas colunas de frente para a tabela

▶ Idem ao anterior, arremessar a bola na tabela.

▶ Idem ao anterior, arremessar a bola na cesta.

▶ Idem ao anterior, toda vez que acertar a cesta dá um passo para trás, toda vez que errar dá um passo para a frente.

Sugestão de aula 9

Técnica de membros inferiores e entradas de pernas

Cada aluno com uma bola, utilizando um cone como referência

▶ De frente para a cesta, entrada simultânea de pernas paralelas.

▶ De frente para a cesta, entrada da perna oposta à mão de arremesso.

▶ De lado para a cesta, entrada da perna direita no lado esquerdo e entrada da perna esquerda do lado direito.

▶ Idem ao (1), fazendo o arremesso completo.

▶ Idem ao (2), fazendo o arremesso completo.

▶ Idem ao (3), fazendo o arremesso completo.

▶ Parado de frente para o cone: cortar e arremessar.

▶ Parado de frente para o cone: fintar, cortar e arremessar.

▶ Afastado do cone, diagonalmente, driblar, cortar e arremessar.

Bandeja

Bandeja é um tipo de arremesso utilizado quando o atacante se encontra em movimento nas proximidades da cesta adversária; pode ser executada com um ou dois tempos rítmicos.

O tempo rítmico da bandeja tradicional é binário, e na bandeja pelo lado direito o jogador deve executar uma passada que se inicia com um passo da perna direita e em seguida outro passo com a perna esquerda — perna esta que também será responsável pela impulsão. Simultaneamente, ele elevará a bola com as duas mãos utilizando a mesma empunhadura do arremesso. Quando tiver atingido o ponto mais alto do salto, a mão direita — que segurava a bola por baixo e por trás — completará o movimento de extensão do braço com uma quebra de punho na direção daquela parte da tabela que fica atrás e aos lados do aro. É recomendável que o joelho da perna que inicia a passada seja projetado na direção do mesmo ombro a fim de colaborar na impulsão vertical do aluno. Nesse momento a projeção do calcanhar deverá ser abaixo do joelho e não abaixo do glúteo. Nas bandejas feitas pelo meio da quadra, a referência de soltura da bola passa a ser a parte da tabela que se encontra atrás do aro.

Alguns alunos nessa situação encontram mais facilidade soltando a bola diretamente dentro da cesta, sem auxílio da tabela.

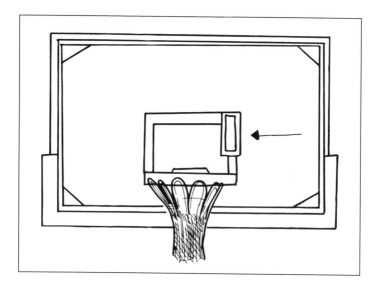

Os principais erros são:

- dar mais passos que o permitido (violação);
- saltar exageradamente para receber a bola;
- dar início à passada muito longe ou muito perto da tabela;
- diminuir sucessivamente os passos durante a corrida de aproximação;
- encolher as pernas no ar;
- durante a impulsão, projetar o calcanhar da perna oposta à perna de impulsão para baixo do glúteo;
- alternar os movimentos de pernas e braços;
- não estender totalmente o braço que executa a soltura da bola;
- não elevar o joelho da perna oposta à perna de impulsão;
- expor demasiadamente a bola.

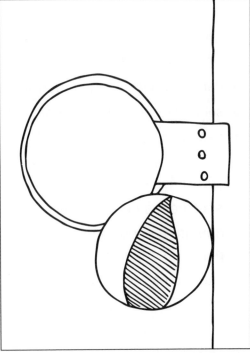

Sugestão de aula 10

Cada aluno com uma bola

- ▶ driblar marchando;
- ▶ driblar marchando e marcando o pé contrário ao drible;
- ▶ idem, com a perna contrária indo à frente;
- ▶ parado, com os pés paralelos, driblar uma única vez, com a perna contrária aterrizando à frente junto com a bola;
- ▶ idem, mais passada rítmica;
- ▶ idem, corrigindo a elevação do joelho contrário à perna de impulsão;
- ▶ idem, utilizando a cesta;
- ▶ idem, com dois ou mais dribles;
- ▶ passada aérea: jogar a bola para si mesmo;
- ▶ idem, passando a bola para o professor e recebendo-a de volta.

Rebote

Rebote é o ato de recuperar a bola após um arremesso não convertido.

O que diferencia conceitualmente o rebote defensivo do rebote ofensivo é a origem da finalização: se um adversário finalizou, será um rebote defensivo; se um companheiro de equipe finalizou, será um rebote ofensivo.

1. Rebote defensivo

O aluno vai realizar uma impulsão vertical utilizando as duas pernas, tentando buscar a bola no ponto mais alto possível, com ambos os braços totalmente estendidos para cima, sem esperar que a bola venha na direção das suas mãos. Uma vez tendo a bola, fará uso de uma maior velocidade segmentar para puxá-la para próximo de sua linha de cintura com segurança. Segurando a bola firmemente na empunhadura básica, aterrizar de maneira mais equilibrada possível simultaneamente com os dois pés de frente para o fundo da quadra, abrindo os cotovelos para acentuar a intenção de protegê-la. Atenção: posicionar-se embaixo da cesta inviabiliza a participação no rebote, uma vez que dificilmente acontecem rebotes nessa área da quadra.

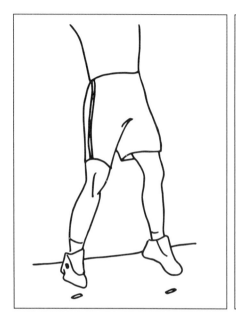 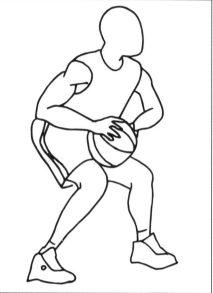

Os alunos devem ser orientados a sempre girar para a lateral mais próxima, utilizando o pé mais próximo dessa lateral como pé de apoio para o giro. Dessa forma vão evitar o congestionamento do garrafão, normalmente muito maior do que em qualquer outro ponto da quadra nesse momento. Da mesma maneira, devem preferir os passes em vez dos dribles para tirar a bola do garrafão.

Os principais erros são:

▶ esperar a bola descer em sua direção;
▶ buscar a bola com os cotovelos flexionados;
▶ demorar a puxar a bola para baixo;
▶ não proteger adequadamente a bola;

- cair desequilibrado e, por causa disso, andar;
- cair de frente para os lados da quadra;
- girar no pé errado (de dentro) ou para o lado errado (meio).

O conteúdo referente a rebote defensivo não estará completo se não explicarmos alguns outros pontos fundamentais, como os explanados a seguir.

Para aumentar as chances de obtenção do rebote, os defensores deverão estabelecer uma posição de vantagem, colocando-se entre o adversário e a cesta que defendem no momento em que a bola sai da mão do finalizador. Ocupar o maior espaço possível nesse momento é imprescindível, e isso é conseguido legalmente com um afastamento maior das pernas e uma melhor colocação dos braços dentro do cilindro imaginário a que todo e qualquer jogador tem o direito de usar. A partir daí, se o defensor conseguir girar sobre seu próprio eixo, segurando o atacante com o quadril, estará fazendo um bloqueio de rebote, obtendo na prática a posição de vantagem que queria. Ao executar este fundamento, o aluno deve saber que alguns choques vão acontecer em função da tentativa de aproximação do atacante para a disputa da bola. Deve estar preparado, então, para absorver esses contatos a partir de uma expectativa muscular adequada: ficar relaxado nesse momento pode significar lesões na região lombar. A ação de bloqueio de rebote demora um ou dois segundos, no máximo, após o que o defensor deve partir na direção da bola para recuperá-la.

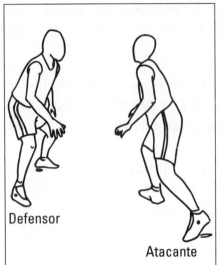

Defensor

Atacante

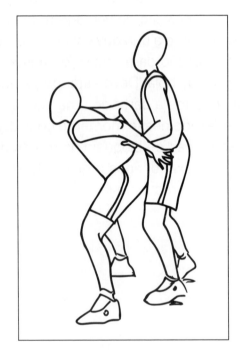

2. Rebote ofensivo

O aluno deverá realizar uma impulsão vertical utilizando as duas pernas, tentando buscar a bola no ponto mais alto possível, com ambos os cotovelos totalmente estendidos para cima. Segurando a bola firmemente na empunhadura básica, aterrizar de maneira equilibrada simultaneamente com os dois pés de frente para a cesta, adequando a empunhadura para o arremesso sem flexionar ou flexionando o mínimo possível os cotovelos, e fazendo uso tão somente da flexão de punho para finalizar. Utilizar sempre a tabela para finalizar é uma forma de aumentar a probabilidade de converter a cesta, mesmo quando desequilibrado por algum contato inerente à disputa de bola destas situações.

Quando não for possível finalizar imediatamente, sair da zona congestionada garantindo dessa maneira a nova posse de bola. Informe aos alunos que o hábito de disputar o rebote defensivo com o corpo relaxado pode não ser uma boa ideia, uma vez que os contatos causados pelos adversários normalmente causam desequilíbrios que irão afetar o desempenho da finalização.

Os principais erros são:

► deixar a bola descer em sua direção;
► buscar a bola com os cotovelos flexionados;
► flexionar os cotovelos na aterrissagem (abaixar a bola);
► não utilizar a tabela para finalizar.

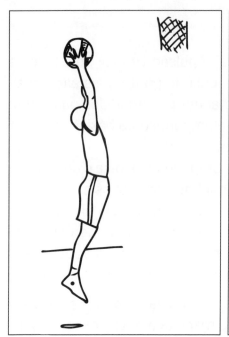

Corta-luz

Corta-luz é uma técnica individual utilizada para realizar um bloqueio ofensivo que visa retardar ou impedir a boa movimentação da defesa adversária.

1. Corta-luz direto

Acontece quando o corta-luz for feito para aquele companheiro que está com a posse da bola. Para utilizar o corta-luz, o atacante de posse de bola dribla para o lado onde o companheiro oferece o corta-luz.

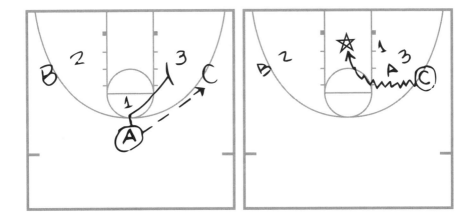

2. Corta-luz indireto

Acontece quando o corta-luz for feito para qualquer um dos companheiros que estiverem sem a posse da bola. Normalmente acontece do lado oposto à bola, com o jogador que recebeu o corta-luz vindo na direção da bola para recebê-la.

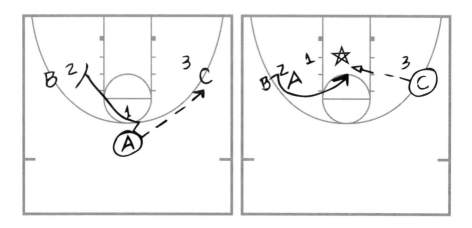

3. Corta-luz cego

Acontece quando a execução do corta-luz não puder ser notada pelos adversários, basicamente por estar fora do campo de visão principalmente daquele defensor que vai sofrer o corta-luz. Pode ser feito para qualquer um dos companheiros, mas os mais comuns são para aqueles sem a posse da bola.

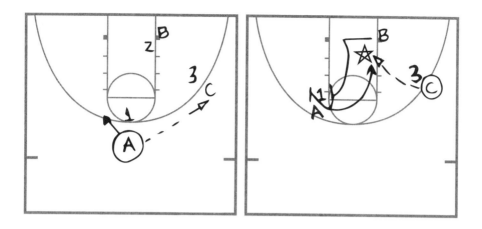

4. Corta-luz falso (*pick and roll*)

É um corta-luz direto ou indireto, mas tem por objetivo enganar a defesa adversária, pois quem recebe a bola é exatamente aquele aluno que fez o corta-luz. A utilização do corta-luz falso acontece principalmente quando a defesa adversária marca individualmente, fazendo trocas.

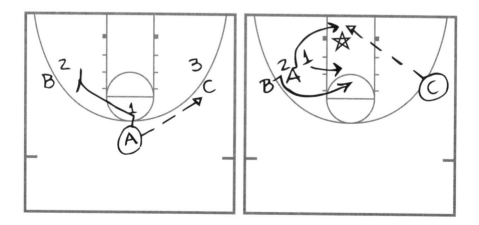

Sistemas defensivos

Sistemas defensivos são ações táticas coletivas que, utilizando diferentes formações e procedimentos, tem o objetivo de conseguir realizar a melhor defesa possível.

Existem quatro grandes sistemas defensivos, sendo eles: zona, individual, misto e pressão. Todos eles possuem vantagens e desvantagens; pontos fortes e fragilidades. Para optar por qualquer um deles, alguns fatores serão determinantes para o sucesso da empreitada e devem ser levados em consideração:

▶ Quanto tempo há para ensinar a defesa: em se tratando de iniciação esportiva, na escola ou fora dela, a defesa individual é a mais completa que existe. Uma vez que o aluno saiba marcar individualmente, terá mais facilidade para aprender qualquer outra defesa. Porém, em função das suas particularidades, demanda mais tempo para ser ensinada do que a defesa por zona, por exemplo. Isso não significa que montar uma defesa por zona eficiente seja fácil, mas grosso modo pode-se fazer uma defesa por zona funcionar de forma rudimentar bem antes do que uma defesa individual.

- O material humano em questão: faixa etária, maturidade, bagagem técnica, grau de experiência aplicada ao jogo, condição física, biótipo. A defesa será escolhida em função de muitos fatores, como, por exemplo, os citados acima. Um dos fatores que, se não é irrelevante tampouco está entre os primeiros a serem levados em conta, é a simpatia que o professor tem por algum dos sistemas defensivos. As características daqueles que vão jogar vêm bem antes no critério de decisão.

- Quem serão os adversários: como jogam ofensivamente, onde costumam se posicionar, o que eles gostam de fazer, quais são seus pontos fracos e fortes, são fatores decisivos na escolha do sistema defensivo. Estudar os adversários é fundamental para saber o que mais os atrapalha defensiva-mente falando.

1. Sistema defensivo zona

Marca a bola com relação à posição dos adversários. Os defensores não devem perder a bola de vista de forma alguma.

Características

- A responsabilidade dos defensores é setorial.
- Cada defensor toma conta de um espaço da formação defensiva escolhida.
- Para escolher a formação, devem-se considerar as características dos nossos defensores e as habilidades ofensivas das equipes contra as quais vamos jogar.
- O critério para determinar a colocação dos defensores nas áreas da frente deve dar preferência a jogadores mais velo-

zes, em vista da grande distância a ser percorrida para as coberturas; nas áreas de trás a preferência recairá naqueles jogadores mais altos e com maior capacidade para o rebote defensivo.

▶ O bloco defensivo se movimentará em função da posição da bola, e o responsável pelo setor onde a bola se encontrar irá colocar seu corpo na linha bola/cesta. Os demais irão se aproximar dessa linha nos limites dos seus setores ou atendendo às determinações do seu professor para casos especiais.

Vantagens

▶ O pré-posicionamento dos defensores facilita a obtenção do rebote defensivo.

▶ Diminui a eficiência das jogadas de corta-luz feitas pelo adversário.

▶ As intersecções entre os setores defensivos permitem aproximar dois jogadores, melhorando assim a atenção nos pivôs adversários.

▶ Recomendado contra equipes com baixa porcentagem de acerto nos arremessos de longa distância.

▶ Favorece a organização do contra-ataque.

▶ O pré-posicionamento dos defensores com setores definidos faz com que seja mais fácil retornar para a defesa.

▶ Torna menos provável as faltas (na iniciação).

▶ Indicado contra equipes que passam mal.

▶ Permite melhor aproveitamento dos jogadores mais lentos, dependendo da posição em que são colocados na defesa.

Desvantagens

▶ Os deslocamentos da defesa podem não acompanhar a velocidade com que o ataque passa a bola.
▶ Não pode ser usada no final da partida quando se está perdendo o jogo.
▶ Não funciona contra equipes de bons arremessadores.
▶ Sofre para cobrir as sobrecargas, quando o ataque posiciona mais de um atacante no setor de responsabilidade de um defensor.

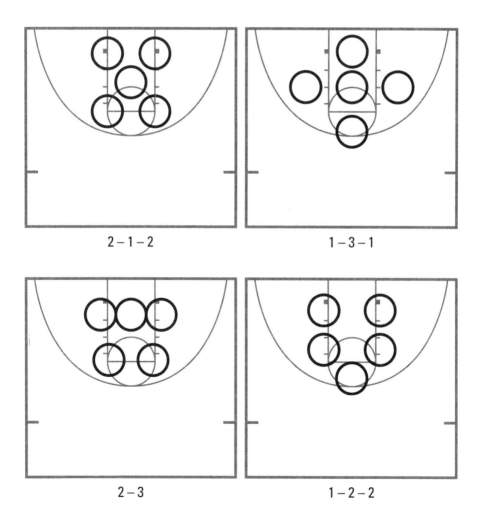

2 – 1 – 2

1 – 3 – 1

2 – 3

1 – 2 – 2

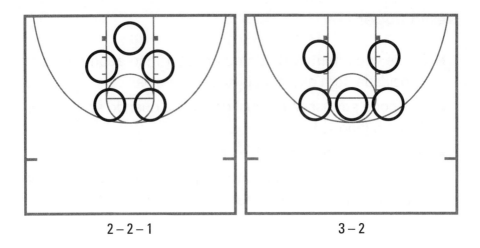

2 – 2 – 1   3 – 2

2. Sistema defensivo individual

Marca os adversários com relação à posição da bola. Cada defensor tem por obrigação não perder de vista o adversário que lhe cabe marcar.

Características

- ▶ A responsabilidade defensiva está posta individualmente.
- ▶ Para determinar as marcas, prevalecerá o critério de lógica para a equiparação e/ou superação das características dos jogadores adversários.
- ▶ Os critérios primários são biótipo, qualidade técnica, qualidade física e perfil psicológico.
- ▶ A escolha do tipo de defesa individual levará em conta as qualidades e possibilidades dos nossos jogadores e as fraquezas dos jogadores adversários.

Vantagens

- Podem-se explorar as condições físicas e técnicas individuais, tanto dos nossos jogadores quanto dos adversários.
- É fácil de ensinar e aprender.
- Iguala qualquer formação ofensiva do adversário.
- Oferece base e fundamentos para o atleta.
- Pode mudar a característica do jogo do oponente.
- Por seu nível de agressividade ser alto, pode mudar o resultado de um jogo.
- Dificulta os arremessos de média distância.
- Exige maiores recursos individuais dos adversários.
- Pode levar a equipe adversária à desorganização.
- Torna o atleta mais agressivo na defesa e no ataque.

Desvantagens

- Aumenta a dificuldade de organizar o contra-ataque, uma vez que não há garantia de posições na obtenção do rebote defensivo.
- O corta-luz feito pelo adversário encontra facilmente o seu objetivo em função das posições de 1 x 1 estarem claramente estabelecidas.
- Dificulta a antecipação de passes.
- Aumenta a probabilidade de cometer faltas.
- Dá margem às penetrações.
- Pode fazer com que os pivôs adversários, se mais altos e/ou mais técnicos, desequilibrem o jogo.
- Exige muito mais atenção para obter a melhor posição para o rebote.

O sistema defensivo individual transita por duas grandes variáveis, e o discernimento dessas escolhas vai determinar a competência da defesa que se quer executar. Vamos levar em consideração as seguintes possibilidades:

Primeira variável

Quadra	Quadra toda (inteira)
	Três quartos de quadra
	Meia quadra
	Um quarto de quadra (recuado)

Segunda variável

Adversário	Com marca definida
	Por proximidade
	Com possibilidade de troca
	Sem possibilidade de troca

3. Sistema defensivo misto

Une uma das variações do sistema defensivo zona com uma das variações do sistema defensivo individual.

Características

- ▶ A responsabilidade defensiva será dividida em dois sistemas.
- ▶ É possível fazer a opção de quatro defensores por setor e um na marca individual, ou três defensores por setor com dois nas marcas individuais.

- Os defensores com marca individual ficam sujeitos a todas aquelas determinações de variáveis do sistema defensivo individual.

- As formações setoriais com quatro ou três defensores podem ser desenhadas de acordo com diferentes necessidades e existem várias opções de posicionamentos.

Vantagens

- À medida que se identifica somente um ou no máximo dois atacantes diferenciados, podemos prestar atenção especial nestes.

- Aprendizagem rápida — pois os pré-requisitos já existem —, desde que os sistemas zona e individual tenham sido ensinados previamente.

- As marcas individuais vão exigir mais dos atacantes sob o ponto de vista técnico.

- As marcas individuais vão exigir mais dos atacantes sob o ponto de vista físico.

- Pode desorganizar a equipe adversária que depende apenas de um ou dois atacantes.

- Podemos revezar os defensores com marca individual na intenção de manter o grau de agressividade defensiva.

- Continua existindo um pré-posicionamento parcial dos defensores, o que irá facilitar a obtenção do rebote e a organização do contra-ataque.

- Cria um desconforto e faz com que a equipe adversária tenha de se adaptar ofensivamente, com movimentações despreparadas e que não foram programadas coletivamente.

Desvantagens

- ▸ O desgaste dos defensores com marca individual é alto.
- ▸ Se não inviabiliza, dificulta enormemente as trocas para quem tem marca individual.
- ▸ A área de cobertura de cada setor aumenta um pouco com quatro defensores e aumenta muito com três defensores.
- ▸ A vulnerabilidade dos setores se torna maior.

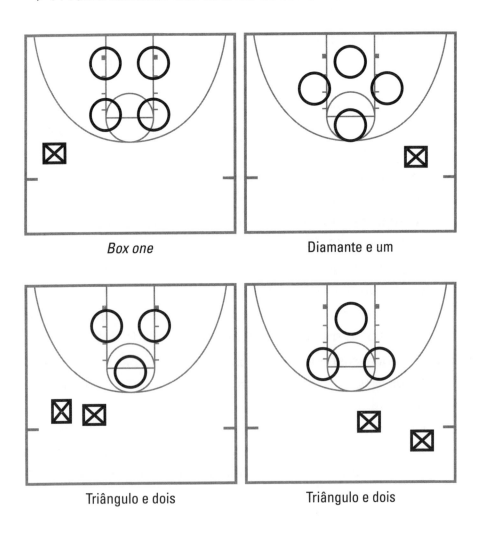

Box one   Diamante e um

Triângulo e dois   Triângulo e dois

4. Sistema defensivo pressão

Provoca situações de dois defensores contra o atacante de posse de bola.

Características

- ▶ As situações de 2 x 1 podem acontecer em qualquer ponto da quadra; porém, existem seis locais nos quais costumam acontecer com mais frequência, em função da possibilidade de usar as linhas da quadra como restrição de espaço para o atacante. São eles: os quatro cantos da meia quadra defensiva e os dois cantos da linha de fundo da meia quadra de ataque.
- ▶ Pode ser setorizado ou individual.
- ▶ Pode ser aplicado na quadra toda, ¾ de quadra, ½ de quadra ou ¼ de quadra.

Vantagens

- ▶ O senso comum nos afirma que a maior vantagem é roubar a bola, seja diretamente do atacante que sofre o 2 x 1, seja indiretamente antecipando uma bola passada de forma apressada, desequilibrada ou atrapalhada. Pode, portanto, alterar um placar adverso em um espaço de tempo reduzido.
- ▶ Por meio deste sistema, pode-se fazer com que o adversário mude seu ritmo normal de jogo, obrigando-o a lançar mão de alternativas táticas para livrar-se das armadilhas que a pressão prepara.
- ▶ Obriga o adversário a gastar mais tempo para chegar ao ataque, fazendo assim com que haja um tempo menor do que o de costume para que possam organizar um ofensiva — em vez de 20 segundos, eles terão 14 segundos, por exemplo.

Desvantagens

- O grau de risco é enorme. Da mesma forma que possibilita diminuir um placar desfavorável, pode fazer com que o adversário abra uma vantagem ainda maior.
- Toda vez que a defesa está em superioridade numérica contra o atacante de posse de bola, está inferior numericamente longe da bola — então, se o atacante que está sofrendo o 2×1 consegue um bom passe, a defesa fica momentaneamente 3×4, o que pode ser fatal.
- Existem saídas de pressão que geram contra-ataques.

Fundamentos individuais de defesa individual

Fundamentos individuais de defesa individual são técnicas, posturas, procedimentos, atitudes e recursos que tornam o jogador mais qualificado para defender dentro de um sistema de defesa individual.

É fundamental pensar que todas as técnicas têm de ser ensinadas com um fim absolutamente prático. De que adianta saber executar a técnica perfeitamente em uma situação que não se aproxima do jogo propriamente dito? Acreditando na funcionalidade dos fundamentos, devemos ter em mente que o condicionamento defensivo é primordial para que a execução qualitativa de fundamentos aprendidos se faça presente durante os jogos e treinos.

Temos que ensinar e ajudar nossos atletas a desenvolver, portanto, alguns fundamentos de defesa, para só então trazer elementos de condicionamento para que esse aprendizado vire uma capacidade defensiva real:

- Correr frente / costas: o relaxamento adequado, a coordenação no movimento anteroposterior de braços e pernas e as particularidades do basquetebol, tal como correr de costas com os braços elevados e com o centro de gravidade bem mais alto, tal como fará no jogo durante uma recuperação defensiva com o driblador adversário à sua frente.

- Deslocamentos laterais.
- Saídas rápidas e recuperações.
- Saídas rápidas e paradas bruscas: podem ser em um tempo ou no máximo em dois tempos, cada qual advém de diferentes situações.
- Posição fundamental de defesa passiva: a posição passiva serve para marcar atacante com bola antes do drible; nesta condição é possível para o defensor plantar os dois pés no solo. O defensor estará em médio afastamento lateral de

pernas, com os joelhos semiflexionados, tronco semiflexionado, cotovelos semiflexionados com as palmas das mãos voltadas para frente — a altura de cada mão vai depender das características ofensivas de cada adversário.

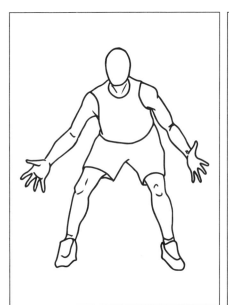 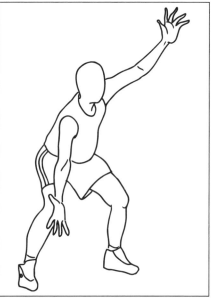

▶ Posição fundamental de defesa ativa: a posição ativa deve ser utilizada quando o atacante com bola estiver driblando; nesta situação o defensor deverá alternar o pé que fica em contato com o solo, o que fará com que ele tenha uma condição melhor de reagir às ações do atacante.

▶ Deslocamentos laterais em posição fundamental de defesa: para marcar bem, faz-se necessário um bom equilíbrio na base do defensor, então, para que este equilíbrio seja constante na dinâmica dos deslocamentos, existe a necessidade da manutenção dessa base, que foi inicialmente estabelecida quando o marcador se posicionou para defender o atacante com bola antes que este iniciasse a ação de drible. A base inicial dificilmente é mantida no decorrer dos deslocamentos e os erros principais são a aproximação dos pés (às vezes eles até se tocam) ou mesmo o cruzamento destes — o que faz com que o defensor fique em situação de total desequilíbrio ou minimamente não tenha condições de reagir a uma mudança de direção do oponente. A recomendação é que o deslocamento seja feito através de saltitamentos, com a manutenção da base inicial ou com deslizamentos (*slide*), quando o pé do lado correspondente ao deslocamento abre primeiro para então o pé contrário acompanhar, sem alteração ou com mínima alteração da base.

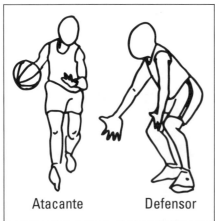

Atacante   Defensor

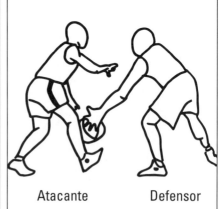

Atacante   Defensor

▶ Mudanças de direção defensivas (*drop steps*): quando o atacante com bola executa uma mudança de direção, ao defensor que o acompanha cabe fazer o mesmo; esse passo largo de mudança de ângulo para o deslocamento continuar adequado é recurso básico para o aprendiz.

▶ Antecipações: antecipar é o ato de posicionar o braço e a perna que estão do lado da bola à frente da linha de passe, impedindo que o atacante que está sendo marcado receba sem se movimentar. As antecipações serão executadas quando o atacante a ser marcado estiver próximo da bola, ou seja, a um passe de curta ou média distância.

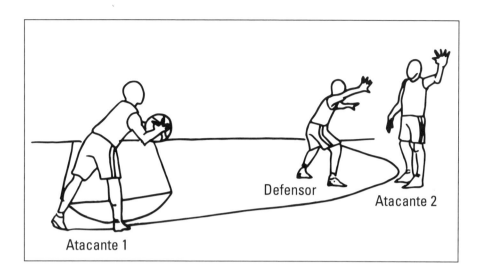

▶ Flutuações: flutuar é o ato de se aproximar o máximo possível da linha bola/cesta, formando um triângulo em que os vértices são a posição do defensor flutuado, a posição do atacante que este defensor marca e a posição do atacante de posse de bola. As flutuações serão executadas quando o atacante a ser marcado estiver distante da bola, ou seja, a um passe de longa distância ou a mais de um passe.

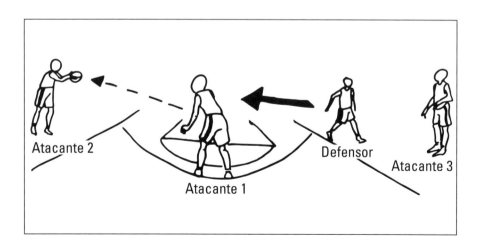

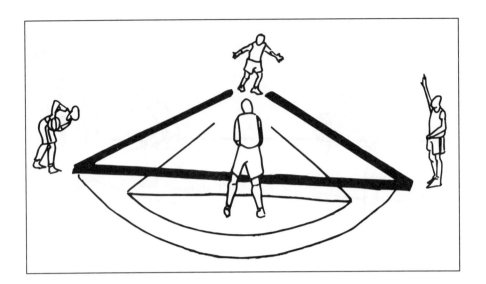

▶ Ajudas: ato de auxiliar um companheiro que está batido ou atrasado e tentando a recuperação de sua marca na defesa; não é uma ação permanente, tem que acontecer em um ou dois segundos. As ajudas serão executadas quando, estando flutuado, um defensor perceber que um companheiro foi batido a drible; a intenção não é promover uma troca na defesa, mas atrasar a penetração do adversário de modo que o companheiro batido possa recuperar a sua marca.

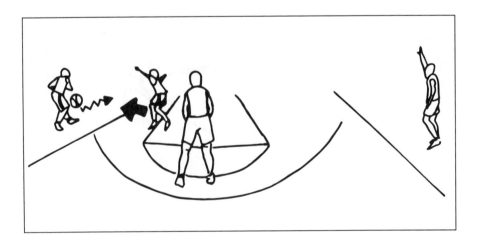

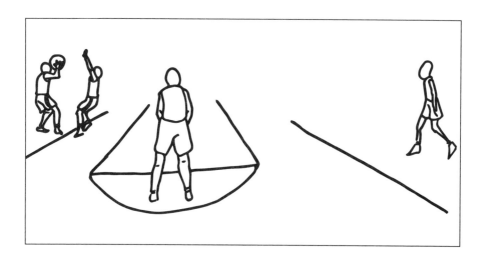

▶ Recuperações: ato de retomar a sua marca após oferecer uma ajuda ou após ter sido batido a drible.

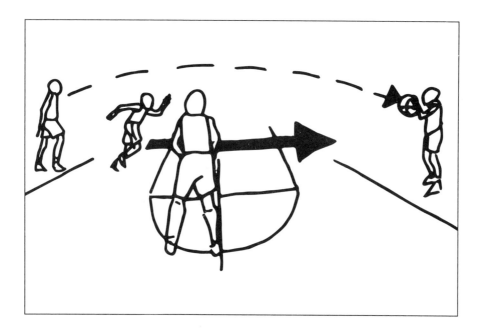

- Parar dribles: ação que prescinde de equilíbrio; o defensor que sai para parar o drible do atacante não deve fazê-lo de pé, mas sim em posição fundamental de defesa.
- Abafas: ato de, após o drible do adversário, abandonar a posição fundamental de defesa e, ficando de pé e aproximando-se o máximo possível do atacante, tentar impedir sua visão, bem como seus passes e suas finalizações.

- Visão periférica: condição imprescindível para marcar no basquetebol; capacidade que pode ser melhorada como qualquer outro elemento a partir de exercícios e repetição.

- Fechar a lateral e o fundo da quadra.

- Abrir no corta-luz: é uma ação específica para situações de 2 × 2 envolvendo bloqueio ofensivo, onde quem abre oferece espaço para seu companheiro acompanhar o atacante com bola passando entre o bloqueador e quem abriu.

- Bote no corta-luz: é uma ajuda específica para situações de 2 × 2 envolvendo bloqueio ofensivo. Exige um *timing* exato de recuperação defensiva.

- Bloqueios defensivos: ato de, no momento da finalização adversária, obter posição de vantagem para o rebote defensivo com relação ao atacante que está marcando; defensor gira sobre o seu próprio eixo, estabelecendo contato físico de forma a "prender" o atacante com o quadril.

- Comunicação defensiva: falar na defesa ajuda a equipe a se manter concentrada, mapeia as ações adversárias, incomoda e desconcentra os atacantes.

> *Esteja mais interessado em descobrir a melhor maneira, não em estabelecer a sua maneira.*
>
> John Wooden

Sugestão de exercícios

Convenção

Deslocamento sem bola	──────→
Passe	– – – – →
Drible	∿∿∿∿∿→
Corta-luz	──────┤
Finalização	✹
Técnico	Ⓒ
Assistente	Ⓜ
Jogador com bola	Ⓧ
Jogador sem bola	X
Cone	⊙

1. Condicionamento defensivo — geral

a) Deslocamentos variados   b) Deslocamentos variados

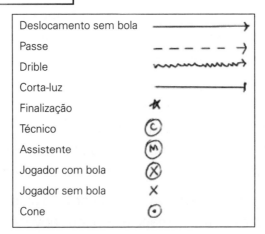
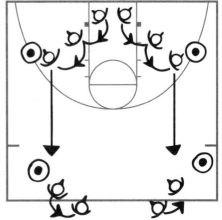

c) Repiques e saídas rápidas

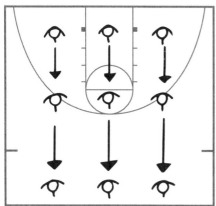

d) Repiques, saídas rápidas e passada lateral

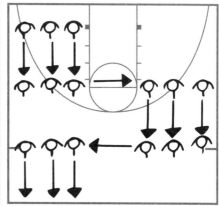

e) Deslocamentos orientados

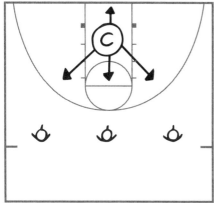

f) Passada lateral

g) *Drop-step* (minidiagonais)

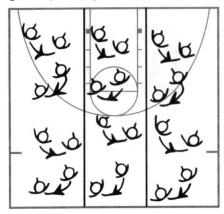

h) Passada lateral (grandes diagonais)

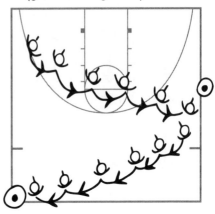

i) Passada lateral e recuperação defensiva

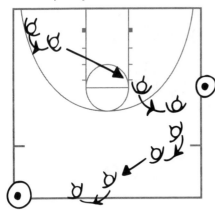

j) Antecipação, passada lateral

k) Antecipação, flutuação

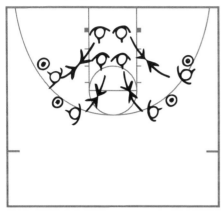

l) *Trap* e recuperação

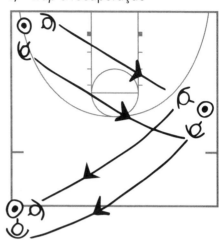

m) Parar o drible

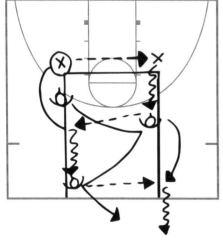

n) Antecipação do armador

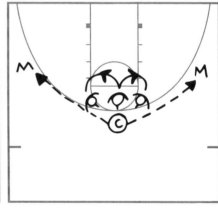

o) Parar o drible, flutuação
   e bloqueio de rebote

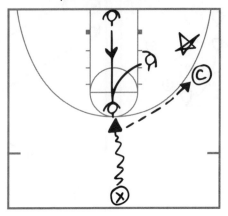

2. Situações de 1 × 1

a) Deslocamento lateral e abafa

b) Deslocamento lateral
   e fecha a lateral

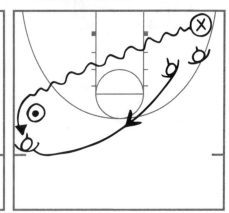

c) Deslocamento lateral e recuperação

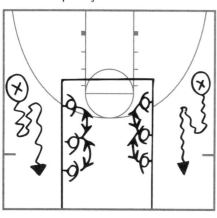

d) Recuperação

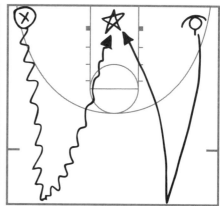

e) Antecipação, flutuação e bloqueio de rebote

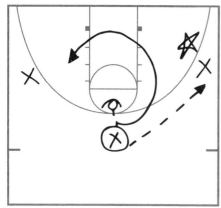

f) Antecipação e bloqueio de rebote

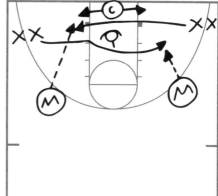

3. Situações de 2 × 2

a) Fechar o fundo e flutuação

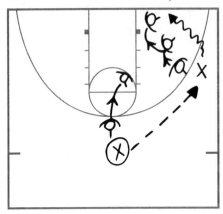

b) Fechar o fundo e ajuda

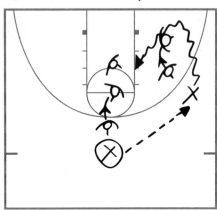

c) Antecipação, flutuação, ajuda e recuperação

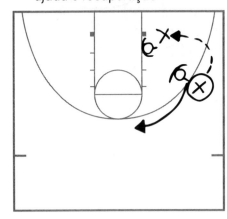

d) Antecipação, flutuação

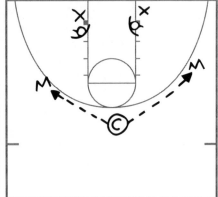

e) Comunicação defensiva, antecipação e flutuação

f) Ajuda (parar o drible)

g) Fechar o fundo, ajuda e recuperação

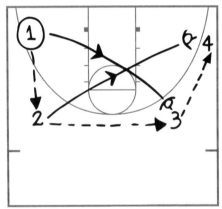

h) Fechar o fundo, ajuda, recuperação e bloqueio de rebote

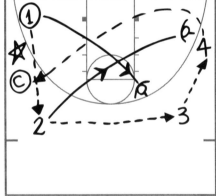

4. Situações de 3 × 3

a) Dá e segue com corta-luz

b) Pivô baixo corta-luz para lateral

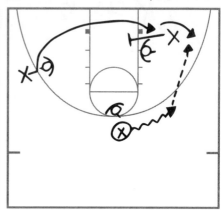

c) Pivô corta-luz para amador

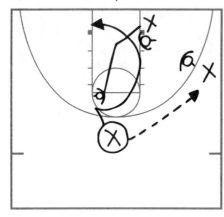

d) Lateral corta-luz para pivô

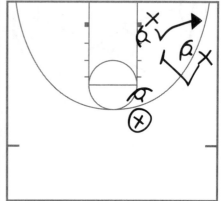

e) Lateral corta-luz para armador

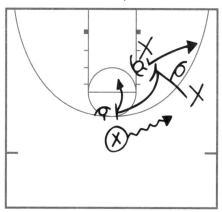

O técnico

O técnico e a organização para o dia de jogo

As tarefas dos técnicos podem extrapolar as questões técnicas, táticas e estratégicas quanto menor for a estrutura que os cercam e os recursos que eles dispõem. Técnicos de equipes escolares normalmente assumem a responsabilidade por toda e qualquer tarefa relacionada aos dias de jogos, desde a separação do uniforme até o agendamento e a contratação do transporte da equipe.

Na medida em que tratamos de clubes e seleções, encontramos técnicos que dispõem de uma condição melhor de trabalho, às vezes dividindo e delegando responsabilidades a um número cada vez mais significativo de pessoas tanto da comissão técnica quanto da equipe de apoio, esta cada vez maior e mais multidisciplinar.

Em ambos os casos o técnico é o responsável pelo produto final e deve usar um *check list* para que tudo o que tem de ser providenciado efetivamente seja. Com ou sem pessoas para ajudá-lo, os documentos dos jogadores devem estar na mesa de controle antes do início da partida e cabe ao técnico assegurar-se de que isso sempre vai ser feito de forma assertiva. Da mesma maneira, alguém terá sido responsável por muitas outras pequenas e grandes ações que, somadas, farão com que tudo que cerca e envolve uma partida dentro ou fora de casa aconteça de forma satisfatória e sem percalços.

- **Horários:** estabelecer horários. Horário de chegada ao ginásio; horário de entrada para o vestiário; horário de início da preleção. Essa programação será feita levando-se em conta o horário real de início do jogo, quanto tempo vai durar o aquecimento e o alongamento e quanto tempo vai demorar a preleção para esse jogo.

- **O traslado para o jogo ou eventuais viagens:** todos os jogadores devem estar cientes de qual é o comportamento esperado deles nos percursos para os jogos, dentro do ônibus, na sala de espera do aeroporto ou dentro do avião e nos alojamentos e hotéis. Também tem de saber exatamente qual uniforme será utilizado para ir e vir e de que forma este uniforme deve ser usado.

- **Preleção:** falar da nossa equipe – como será feito o aquecimento e o alongamento; quem sai jogando; estratégia defensiva para o começo do jogo e alternativas defensivas; estratégia ofensiva para o começo do jogo e alternativas ofensivas; plano de jogo. Falar da equipe adversária – lembrar o *scout* e as estatísticas coletivas; lembrar o *scout* e as estatísticas individuais.

- **Intervalo do jogo:** analisar as estatísticas do jogo e comentá-las; avisar a respeito da quantidade de faltas de ambas as equipes; observar quem é o maior pontuador adversário, como ele está pontuando e por quê. Fazer ajustes no plano de jogo e corrigir eventuais pontos falhos do primeiro meio-tempo.

▶ **Após o jogo:** existem técnicos que gostam de conversar com a equipe após o jogo, já outros não. Há aqueles que só conversam com a equipe após uma derrota, outros falam somente após conseguir vitórias. Não há um padrão de comportamento que seja considerado ideal, mas a sugestão é que se estabeleça uma rotina e que esta seja respeitada.

O técnico e o que ele espera dos jogadores

▶ **Atenção para com os companheiros:** espera-se que os jogadores tenham conhecimento da história de vida dos seus companheiros; saibam seus gostos, preferências e aspirações; suas fraquezas e virtudes.

▶ **Ser ensinável:** espera-se que os jogadores tenham consciência de que vão viver aprendendo e tem de estar abertos para que a aprendizagem aconteça. Ninguém consegue ensinar um jogador que pensa saber tudo. O jogador pode ser talentoso, mas seu futuro será limitado se ele não tiver a capacidade de aprender.

▶ **Tenacidade:** a diferença entre um jogador tenaz e outro comum é que o primeiro não desiste nunca. Saber que o técnico quer explorar o melhor de cada um e de que esse processo é caro. Desenvolver a capacidade de conviver com pequenas lesões e algumas dores sem se deixar abater e sem fazer disso uma desculpa para algum deslize.

▶ **Saber esperar a oportunidade:** primeiro o jogador tem que se tornar e se provar como um grande jogador de treino, para depois ser um grande jogador de jogo.

▶ **Espírito de grupo:** não ser egoísta; ser humilde. Quando um jogador coloca o técnico em situação de escolher entre o indivíduo (ele) e o grupo, o engano já foi cometido, pois ele devia saber que essa escolha já foi feita a favor do grupo há muito tempo.

▶ **Disciplina:** a disciplina pessoal como comportamento imprescindível.

▶ **Resultado:** esforço somado à execução é igual a excelência. O grau de qualidade da execução determina o resultado.

Referências bibliográficas

ARROYO, M. A universidade e a formação do homem. *In*: SANTOS, G. A. *Universidade formação cidadania*. São Paulo: Cortez, 2001. p. 33-50.

_____. Educação e exclusão da cidadania. *In*: BUFFA, E. *Educação e cidadania*: quem educa o cidadão? São Paulo: Cortez, 2000.

_____. *Ofício de Mestre*. Petrópolis: Vozes, 2000.

BARBANTI, V. *Dicionário da Educação Física e do esporte*. São Paulo: Manole, 1994.

BAYER, C. *Técnica del balonmano*. Barcelona: Hispano Europea, 1. ed., 1987.

BEARD, B. *et al. El jugador completo de baloncesto*. Barcelona: Hispano Europea, 1. ed., 1988.

BRZYCKI, M. *et al. Conditioning for basketball*. Indianapolis: Mater Press, 1. ed., 1993.

DAIUTO, M. *Basquetebol origem e evolução*, São Paulo, Iglu, 1. ed., 1991.

_____. *Basquetebol metodologia do ensino*. São Paulo: Iglu, 1. ed., 1991.

DEAN, E. S. *El baloncesto técnica y estrategia*. Barcelona: Hispano Europea, 8. ed., 1991.

FERREIRA, A. E. X., DE ROSE JR., D. *Basquetebol técnicas e táticas: uma abordagem didático-pedagógica.* São Paulo: EPU, 3. ed., 2003.

GALLAHUE, D. L. *Teaching Physical Education in elementary schools.* 6th ed. Philadelphia: Saunders, 1978.

GOHN, M. G. *Educação não formal e cultura política.* 2. ed. São Paulo: Cortez, 2001.

GOLDSTEIN, S. *The basketball player's bible.* Filadélfia, Golden Aura Publishing, 1. ed., 1985.

GOMELSKI, A. *Baloncesto la dirección del equipo.* Barcelona: Hispano Europea, 1. ed., 1990.

HARRICK, J. *Basketball's balanced offense.* Indianapolis: Master Press, 1. ed., 1995.

HARRIS, D. *Winning defense. A guide for players and coaches.* Indianapolis: Master Press, 1. ed., 1993.

IMBERNÓN, F. *Formação docente e profissional*: Formar-se para a mudança e a incerteza. São Paulo: Cortez, 2001.

KRAUSE, J. V. *Basketball skills and drills.* Champaign, Illinois: Leisure Press, 1. ed., 1991.

_____. *Coaching basketball.* Indianapolis: Master Press. 1. ed., 1994.

LINDBERG, F. *Baloncesto. Juego y enseñanza.* Havana: Editorial Pueblo y Educación, 1. ed., 1990.

MATTOS, M. G. *Educação Física na adolescência*: construindo o conhecimento na escola. São Paulo: Phorte Editora, 2000.

MONTANDON, I. *Educação Física e Esporte nas escolas de primeiro e segundo grau.* Belo Horizonte: Ed. Villa Rica, 1992.

PAES, R. R. *Aprendizagem e competição precoce*: o caso do basquetebol. Campinas: Ed. da Unicamp, 1996.

PEYRÓ, R. *Manual para escuelas de baloncesto.* Madri: Gymnos, 1. ed., 1991.

RIO, J. A. D. *Metodologia del baloncesto.* Barcelona: Paidotribo, 4. ed., 1997.

VICENT, J. L. A. *et al. Baloncesto técnica individual de ataque.* Madri: Gymnos, 1. ed., 1998.

_____. *Baloncesto técnica de entrenamiento y formación de equipos base.* Madri: Gymnos, 1. ed., 1998.

_____. *Baloncesto técnica individual defensiva.* Madri: Gymnos, 1. ed., 1998.

WALKER, A. L. *Nuevos conceptos de ataque para un baloncesto moderno.* Barcelona: Paidotribo, 3. ed., 1998.

WISSEL, H. *Baloncesto aprender y progressar.* Barcelona: Paidotribo, 2. ed., 1998.

WOODEN, J. *My Personal Best.* Columbus: Mc Grawn Hill, 1. ed., 2004.

Conheça também!

Ícone Editora | www.iconeeditora.com.br | (11) 3392-7771